人口一極集中！ 不動産投資は東京圏に限定せよ!!

「新築一棟投資法」

土地探しから始めれば
今でも安定したキャッシュを生み出す

株式会社 リアライズ アセット マネジメント 代表取締役
箕作大 著

クラブハウス

はじめに

・もう従来の不動産投資では儲からない！　加熱する不動産ブームで利回りが急激に低下！

ひと昔前、不動産投資といえば、ひと握りの限られた人だけが行うものでした。その頃は競争も少なかったため、掘り出し物の中古物件を入手することもできました。わけあり物件を破格の値段で入手できることも、しばしばありました。

しかし、今はそんな時代ではありません。ごく普通のサラリーマンの方々までもが不動産投資に参入し、日本中で多くの人が必死になって物件を探しています。特に東京オリンピックの開催が決定してからというもの、不動産投資ブームはさらに加熱しています。その結果、物件の争奪戦は激しくなり、**物件価格が高騰、利回りが急激に低下しました**。すでに評価の高い地方の中古RCマンションにも出物はありませんし、融資がつきにくいような築古の中古アパートでも、なかなか利回りが高いものにはめぐりあえません。そんな状況のなかで、ぎりぎりキャッシュフローをプラスにするのが精いっぱいの、**決して条件の良くない物件でも飛ぶように売れています**。地方都市の利回り10％（借入金利4・5％）程度の中古物件にも買付が殺到し、物件をしっかりと確認する間もなく急いで契約しなければ、物件は買えません。

もはや一般投資家の方には、**大きなキャッシュフローやキャピタル・ゲインが出る物件を入手することなど、非現実的な話**になっているのです。

いきなり不動産投資のマイナス面を申し上げて、皆さんのやる気を挫いてしまったかもしれません。しかし、皆がうらやむ高利回り物件が購入できたのは、今や昔の話。もう従来の方法では、キャッシュフローを十分に生み出す不動産投資は難しいということを、まずご理解頂いたほうがいいと思います。

・要注意！「不労所得」のはずが「苦労所得」に

先輩投資家の例をご紹介しましょう。

北関東で高利回りの木造アパート物件を取得したAさんは、毎週ドライブをしています。家族と出かける楽しいドライブではなく、**空室の多い中古アパートの客付営業のため、貴重な休みを不動産業者まわりに費やしている**のです。

購入時には満室だったのですが、いったん退去があると以前より大幅に家賃を下げなくては入居が決まりません。さらに、東京圏では客付け業者に支払う手数料は、入居者から頂く家賃の1ヵ月分だけというのが相場ですが、地方ではオーナーが追加で広告料として家賃の数ヵ月分の謝礼を客付け業者に支払わなくては入居が決まりません。場所によっては、**家賃3ヵ月分もの謝礼を払ってようやく入居が決まる**といった始末です。そのため、ようやく決まっても、不動産屋さんに支払う数ヵ月分の広告料が収益を大きく圧迫しているそうです。

このように、都内とは違い、地方物件は入居者募集にとても苦労するケースが増えてきています。**満室想定時の表面利回りが高くても**、実際にその家賃で入る入居者がいなければ、そんな数字にはなんの意味もありません。

しかも、地方都市では人口流出による空き家が増えている地域もあり、誰も入居しない、手放したくても売れない、ということもあります。

某政令都市で中古のRC一棟マンションを2棟購入したBさんには、月100万円以上の家賃収入があります。目標はサラリーマンを早期リタイヤすることですが、実際にはリタイヤどころか、管理会社から連絡があるたびに胃がきりきり痛む毎日です。

というのも、Bさんのマンションは70㎡以上もあるファミリータイプ。よくあるワンルームと違って、家賃もある程度高く、築年数のわりには立派なマンションで「競争力がある！」と喜んでいたのですが、**広い面積の部屋は退去のたびに原状回復費用が何十万円とかかります**。また、いったん空室になると入居までに時間がかかり、不動産屋さんへ支払う広告費もかかることから、入退去のたびに蓄えたキャッシュフローを吐き出している状況だそうです。

また、きれいに見えていた建物も、築20年も経てばあちこちに不具合が出てきます。屋上防水、エレベーターの点検、整備。前オーナーがまったくメンテナンスをしなかったせいか、**数十万、数百万円単位で修繕費**がかかっていくのです。

さらに、その地方では一等地にあるＲＣマンションということから、**固定資産税も思った以上の高額**となり、これではまとまった家賃収入があるといっても、キャッシュフローは残りません。やりくりに頭を悩ませる毎日を送っているといいます。

不動産所得は本来、不労所得を目指すものですが、これでは不労どころか「苦労」所得です。しかもその所得ですら、満足に得られていない投資家が増えています。

ご相談に来られる方のなかには、キャッシュフローどころか、毎月かなりの持ち出しになっている悲惨なケースもあり、「不動産投資などしなければよかった」と悔やんでいる方も少なくありません。

これから不動産投資家を目指す皆さんには、もっとラクで安全な、本当の不労所得の道に進んで頂きたいと心から願っています。

・人口が半分に!?　東京圏以外の物件はもうヤバい?

前述した通り、昨今の不動産投資ブームで物件の利回りが急激に下がっています。キャッシュフローを出すためには、そこそこ利回りの出る地方都市の物件を購入するしかないといった状況です。しかし、よく考えてください。今後日本は、未曽有の人口減、少子高齢化社会を迎えます。一部の都市を除くと、**人口が半分以下になり、消滅する都市さえ出る**のでは、と言われています。今は良くても、将来的に経営が苦しくなるのは火を見るより明らかです。そのような物件を購入して、いつまで保有するのでしょうか?　人口動向を予測し、売却時期を決め、出口戦略が明確であれば良いかもしれませんが、もししっかりと調査してみれば、売らなければならない時期はそんなに遠い将来ではないかもしれません。それ以上保有していると、売るに売れない悲惨な状況に陥る可能性があります。

一方、将来的な展望として、唯一人口が増えると予測されているのが東京圏です。名古屋圏、大阪圏も人口減少に転じたなか、**労働人口である単身者は、地方から東京圏に一極集中し、今後長期**

にわたって単身者向け賃貸市場が拡大します。東京オリンピックの開催決定により、東京は国際都市としてロンドン、シンガポール、香港などと肩を並べるべく、唯一大きく発展していく都市なのです。それを考えると、もし投資不動産を持つのであれば、発展していく都市の周辺、いわゆる東京圏に限定するというのが、今更ながら当り前だと考えられます。

しかし、そのようなことは大半の投資家は分かっているはずです。ではなぜ、東京圏以外で投資物件を保有するのでしょうか？　答えは簡単です。**東京圏は競争が激しく、利回りが出ない**ので儲からないと判断しているからです。だからといって、今は良くても将来的には大損をしてしまうかもしれないような地方物件を保有していいことにはならないはずです。一度、冷静にご自身の保有している物件の将来性を調査、検証してみることを強くお勧めします。

・え！　本当？　東京圏駅近に立地を限定しても、まだまだ儲かる不動産投資法があった!!
金利１・２％〜の融資で実現！　土地から探す「新築一棟投資法」

そんななか、私の知る限りで唯一、**東京圏で、しかも駅近の立地に限定しても、十分な利益を出**

す投資法があります。それが弊社の提案する、土地探しから始める「新築一棟投資法」です。

「え！　新築？　中古でも利回りが出ないのに、儲かるわけないでしょう！」

そういう声が今にも聞こえてきそうですが、**実際、購入された皆さんが儲かっている**のです。弊社のお客様のなかで損をしたという事例は、今のところ1件もありません。

ただし、単なる新築ではなく、〝土地探しから始める〟というのがポイントです。不動産投資を土地探しから始めることで、木造、築浅の中古なら現在5％～6％台（鉄骨で4％～5％台）程度で取引されている投資物件を利回り7％以上（鉄骨で6％以上）で購入することができます。さらに、東京圏の駅近に立地を限定することで、**金利1・2％～、借入30～35年、フルローン**という通常では考えられない金利条件で融資を受けることができます。これだけでも十分、利益を出すことはできるのですが、さらに、投資物件を法人で保有することで**所得税を事実上0円に**したり、**建物の消費税の還付を受ける**こともできます。これらのあわせ技を使うことで、今でも十分利益を上げ、**低リスクで大きなキャッシュフローを生み出す不動産投資**が可能なのです。しかも売却する際に**大きなキャピタル・ゲインが狙える**というおまけつきです！

実際に、弊社がご提供している物件は、前述の条件でシミュレーションをするとかなり優秀なキャッシュフローを生み出すことができます。「これは凄い‼」と感じ、今まで物件をご購入されたお客様に物件を提供し始めたところ、皆様に本当に喜んでいただけました。

ここ数年、私は社をあげて、土地から探す「新築一棟投資法」にマトを絞り、さまざまなノウハウの実践を積み重ね、**いろいろなテクニックを集めて、新たな投資法として確立してきました。**

手前みそのようですが、不動産投資コンサルタントとして客観的な目で見ても、他の投資法と比べて再現性もあり、自信を持ってお勧めできる、優れた「投資法」として確立することができたと自負しています。

本書は弊社が確立した「投資法」、そのノウハウと理論を1冊の本としてまとめたものです。

なお、本書で解説した手法は、いくつかの投資テクニックの組み合わせで成り立っていますので、部分ごとに見ても、ほかの投資法にも十分活用できるものです。

本書が、これから不動産投資を志す方のみならず、すでに多くの経験を積んできた投資家の皆様にも一助となれば幸いです。

不動産投資コンサルタント
株式会社リアライズアセットマネジメント代表　箕作 大

人口一極集中！　不動産投資は東京圏に限定せよ！
『新築一棟投資法』

第1章

中古物件、地方物件はもう手遅れ!?
東京圏好立地限定で今からでも十分儲かる!
土地から探す「新築一棟投資法」とは?

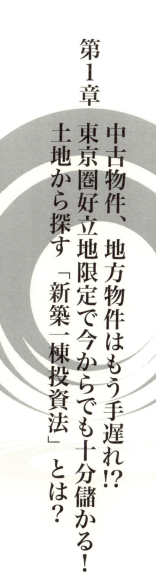

1、土地から探す「新築一棟投資法」とは?

●人口が半分に!? 東京圏以外の物件はもうヤバい?

不動産投資では、利回りが高く、比較的長期の融資が組めて、キャッシュフローの出せる**中古物件を購入する、というのが今までのセオリー**でした。しかしながら、昨今の不動産投資ブームの過熱により中古投資物件の利回りは急激に低下し、今や**まともにキャッシュフローが出る物件を入手することは困難**となりました。この状況でキャッシュフローを得たいと考えた場合、今後、人口が減少することを承知のうえで、地方物件を購入するという方もいらっしゃいますが、もう中古物件の投資で、長期的に、堅実に利益を出すことは限界を迎えているのです。

そこで私が提案するのが、土地から探す「**新築一棟投資法**」です。不動産投資をするにあたって、すでに完成している中古物件や建売の物件を購入するのではなく、その名の通り建物の建っていない**土地から探し、そこに新築でアパート・マンションを建てよう**という投資法です。

土地から探す新築と聞いて、「中古でも利回りが出ないのに、新築ならもっと利回りが出ないのでは？」「そんな良い土地が本当に見つかるのか？」などの疑問を持つ方も少なくないでしょう。しかし、これが可能なのです。

弊社は「住宅ローンを使って建てる賃貸併用住宅」をご提案する事業からスタートし、長年、地道で泥臭い営業を続けながら、**東京圏・好立地の土地情報を集める情報網を構築してきました**。賃貸併用住宅も中古では良い物件がほとんどなく、土地から探す必要があったからです。しかし、そのおかげで、多くのルートから未公開や売り出し前を含む、希少な土地情報が集まるようになったのです。

そうした土地情報のなかに、**東京圏の駅近くで好立地なのに、マンション・アパートを新築すると高い利回りが出るような「お宝」の土地が、ごくまれに隠れている**ことを発見したのです。

東京圏の中古物件であれば、築10年以内の築浅物件ならば、**利回り5%~6%台程度の相場のなか、新築木造で7%（鉄骨で6%）以上の利回りが出る物件**はまず見かけることはありません（まれに10㎡程度の極小部屋を大量に作り、高い利回りを出しているものがありますが、部屋が小さすぎて将来の入居率が心配です。借地権物件やワケあり物件なども除きます。高い利回りの物件は、調べてみるとほとんどがこれらのケースですので、ご注意ください）。

土地から探すのであれば、これまで地道に築きあげてきた情報網を持つ弊社に強みがあります。しかも、弊社には、すでに「**土地から探して新築で賃貸物件を建てる豊富なノウハウ**」と優秀な設計・建築チームがあり、購入時の融資から完成後の賃貸付け、運営管理、税務処理までの一連の流れも構築できていました。

「競争が激しい中古の一棟物を探すより、こうした土地を探して、今までのスキルを生かして新築したほうが、よほど良い条件で物件が取得できる！」

まさに目からうろこが落ちる思いでした。

この新しい投資の可能性に気付いてから、最適なプランを探りながら研究を重ね、**中古物件以上に高利回りの、新築一棟物件をつくり上げることに成功**しました。その物件を今まで物件をご購入頂いたお客様に提供し始めたところ、**大変ご満足頂き、2棟目、3棟目とオーダーが殺到する事態**となりました。

そこで、ここ数年は社をあげて土地から探す「新築一棟投資法」にマトを絞り、実践を積み重ねながらさまざまなノウハウを集積し、**堅実に利益の出せる新たな投資手法として確立**するに至りました。

アベノミクスによる景気刺激と東京オリンピックの誘致により、東京や首都圏の不動産投資は競争が激化しています。そうしたなか、中古で優良な収益物件はほとんど手に入らないというのは先述した通りです。

しかし、それに対して、私の提唱する土地から探す「新築一棟投資法」では、**かなりの専門知識やノウハウが必要**なため、逆に競争率が低くなり、今でも東京圏の好立地に高利回りの優良な収益物件を手に入れることが可能なのです。

●優秀なのは利回りだけじゃない! 驚愕の融資条件!

さらに、弊社の「新築一棟投資法」では、立地を**東京圏、駅近に限定**することで、**金利1・2%〜、期間30〜35年**という、通常、アパートローンではあり得ない融資条件を引き出すことができるようになりました(詳しくは4章参照)。

驚くのは金利の低さだけではありません。**中古では難しいような長期融資**を組むことで、大きなキャッシュフローも得ることができるのです。

しかしながら、最初からこのような条件が引き出せたわけではありません。営業実績を積み重ね、銀行との付き合いが深まるにつれて、弊社の新築・東京圏好立地物件であれば、今後、**長期にわたって固い家賃収益と資産価値を見込める**という信頼が生まれてきたことで、弊社のお客様には、今まででは考えられないような好条件の融資が可能となったのです。

このように「新築一棟投資法」は、中古より高い利回りと圧倒的に有利な融資条件、そのほか、いくつかのノウハウを組み合わせることで、**中古物件より堅実で大きな利益の出せる投資法**として注目を浴び、これまでと違った新たな局面を迎えようとしています。

2、「新築一棟投資法」は、確立された必勝パターンの投資法！

●堅実に、十分なキャッシュフローが得られる5つの理由

最初は手探りでスタートした「新築一棟投資法」ですが、今では実績もでき、たくさんのノウハウと経験を積み上げた集大成として、**再現性もあり、明確な必勝パターン**である「投資法」として確立することができました。ここで、この投資法が長期的に見ても堅実に、かつ十分なキャッシュフローを生み出す5つの理由を整理したいと思います。

①東京圏駅近の立地に限定し、長期的に高稼働率と資産価値の維持を実現――2章で解説
②新築なのに、中古以上の利回り――3章で解説
③金利1・2%〜、借入30〜35年、フルローン融資も可――4章で解説
④新築ならではの安定した収入・支出、明確な出口戦略――5章で解説
⑤法人設立による消費税還付、所得税の節税など――7章で解説

「新築一棟投資法」では、この①〜⑤のノウハウにより、**表面利回りだけでなく、実質の投資効率を最大限に高める**ことができるため、堅実なキャッシュフローを生み出します。

まずは②により**表面利回りを高め**ます。①④により、表面利回りだけでなく、**実質利回りが高くなります。**③で圧倒的に**有利な融資条件**を引き出し、⑤で**所得税を軽減する**、といった感じです。

不動産投資を行うにあたって重要な表面利回りですが、表面利回りはあくまでもひとつの指標であり、そのほかにもさまざまな要素がからみあって、実際の投資効率が決まります。「新築一棟投資法」が優れているのは、表面利回り以外の要素も含めて、**最終的にキャッシュを残す多くのテクニックが集約**されていることです。

●もう一度見直そう！　キャッシュを生む不動産投資の3大要素、「実質利回り」、「融資条件（金利）」、「税率」

ここまで「新築一棟投資法」の概略を説明してきましたが、一度立ち止まり、改めて不動産投資そのものについての考え方を整理したいと思います。不動産投資を行うにあたって、投資家が一番求めるものは、**「その投資によって、最終的にいくらのお金を生み出すことができるのか」**ということでしょう。それを決めるのは、大きく分けると、次の３つの要素です。

- **実質利回り**
- **融資条件（金利）**
- **税率**

融資条件に関しては、頭金の必要金額や融資期間も関係しますが、最終的に売却した際に決定する利益でいえば、やはり金利が一番重要になります（もちろん、保有期間の月額のキャッシュフローを考えれば融資期間も大切です）。

不動産投資にとって、先ほどの**3つの要素はどれもまったく同じくらい重要**な要素ですが、不慣れな投資家はどうしても表面利回りに目が行ってしまいます。とにかく不動産投資をしたい一心で、業者に勧められるままに、地方の少しばかり表面利回りの高い物件をかなり高い金利で、法人ではなく、個人で購入してしまっている投資家が非常に多いのです。

はたしてそれが自分にとってベストな投資なのか?

ここで一度立ち止まって、さまざまな知識や情報を得たうえで、計画的に物件の購入を進めてほしいと思います。不十分な知識や情報のもと、準備をせずに場当たり的に不動産投資を始めても、必ず損をします。本来ならば実現できたはずのベストな投資とはかけ離れた投資になってしまってから後悔しても、取り返しはつかないのです。

物件を購入する際は、3つのすべての要素を加味して、最適な投資物件を選択してください。物件や投資法によっては、**1%台の低い金利融資を受け、法人を設立して所得税を0に**、といったことが可能なのです。これらが許される金融機関は限られますが、しっかり情報収集して、最も利益の出る投資を選択しましょう。

●物件選びで最も重要かつ簡単な指標は、「イールドギャップ」

私が不動産投資をするにあたって、物件を選択する際に最も分かりやすく重要な指標は、**イールドギャップ**だと考えます。

イールドギャップ＝物件利回り％－借入金利％

イールドギャップとは、物件の利回り％から借入の金利％を引いたもので、高ければ高いほど利益が出ます。家賃収益から金利支払分を差し引いたものなので、物件を購入するにあたって、物件価格の大部分を借入する場合は、ざっくりとした収益性が算出できます。

例えば、地方の表面利回り10％の物件を金利4・5％で購入すると、イールドギャップは5・5％。東京圏の利回り7％の新築物件を金利1・2％で購入すると、イールドギャップは5・8％。比較すると、**多少物件の利回りが低くても、借入金利を低く抑えることで、大きな利益を得ている**ことになるのです。さらに、**厳密な収益性を考える時、表面利回りではなく、実質利回り**（満室時の家賃収益から空室家賃や管理費用、修繕費などの経費を引いて計算したもの）を利用しなければなりません。

築20年の中古物件と新築物件では、表面利回りが同じでも、稼働率や修繕費、入居者募集に必要な広告宣伝費などを考慮すると、**実質利回りは圧倒的に新築物件のほうが高くなります。**特に築20年以上経過した地方のRC物件などは大・小規模の修繕費や古くなった設備の入れ替えにかかる費用などが大きいうえに、相対的に稼働率も低く、入居者募集に必要な仲介業者への広告費も多くかかるので、利回りにして1～2％は低く評価する必要があります。そうなると、**実質利回りで考えた場合**、金利の低さもあり、前述した**東京圏の表面利回り7％（借入金利1・2％）の物件は、表面利回り11％～12％の地方物件**（**借入金利4・5％**）**と同等のイールドギャップ**ということになります。また長期的には、人口減少を考えると、地方物件は今後利回りが低下することが予測されますので、それも加味して物件を比較評価すべきだと考えられます。

●工夫次第でまだまだ儲かる不動産投資！物件よりも、まずは「勝ちパターンの投資法」を探せ！

不動産投資を始めるにあたって、**最初に投資計画を決めることが非常に重要**です。自分の目標に対し、それを達成するためには、自分に合った戦略で購入計画を立ててから行動しなければ、必ずといってよいほど失敗します。特に、自分に**最適な借入融資に関する計画**を決めずに場当たり的に物件を購入してしまうと、使えるはずだった好条件の融資を使えなくなるうえに、さらなる買い増しが難しくなります。

まずは、どの順番で、どの金融機関から、どのような条件で、どんな物件を買い進めるかをきちんと決めてから、**最も良い融資条件を生み出す金融機関の順で物件を買い進める**ことを強くお勧めします。

また、もうひとつ私がお勧めするのは、しっかり確立された勝ちパターンの「投資法」を身につけて、その基準に沿って物件を買い進めることです。物件ありきで投資を進めると、しっかりとした判断が難しく、場当たり的になってしまいます。

大きな成功を収めている投資家は、たいてい得意な投資法をひとつ持っていて、その基準に沿って投資を進めているケースが多いのです。ここでいう「投資法」というのは、その法則にしたがって投資を行えば、（一定の条件・属性の下では）誰でも、簡単に、再現性をもって固く利益が上がる方法のことです。その投資法に関するノウハウがひとつのパッケージとして確立され、繰り返し使うことができ、誰でも利益が出せるのであれば、それを使うのが一番楽で低リスクだからです。

ひと昔前は、比較的に簡単な投資法として、ＲＣ（鉄筋コンクリート造）築20年くらいの中古物件を購入するという投資法が多く見られました。ＲＣであれば耐用年数は47年で、残存年数もまだ27年くらいあり、20年以上の長期融資を引っ張ることができるため、値段も手ごろでキャッシュフローが出しやすかったのです。再現性もありました。

しかしながら、最近では不動産投資ブームのおかげでめっきり利回りが下がってしまい、好立地で利回り10％を超えるような物件の入手は現実的ではなくなりました。地方都市では今でもそれなりに利回りが出る物件もありますが、地方でこれから進むであろう急激な人口減少のなかで、そのような物件を投資目的で購入して良いのかどうか。**長期的に見れば非常に厳しい状況**にあると言わざるを得ません。

ほかにも、いわゆるボロ物件を安く購入しリフォームをして利回りを出したり、借地権や再建築不可物件、競売物件を購入する手法などもありますが、これらの投資法にはかなりの知識とノウハウが必要であることは言うまでもありません。複数の投資法を身につけることは、**会社勤めなどで時間のない多忙な身では難しい**ことです。ならば、確実に儲かり、自分に合った投資法に集中することが成功への近道です。

「新築一棟投資法」は、単に土地から探して新築で建てるというだけのものではありません。ほかにも多くのノウハウを組み合わせ、長年積み上げてきた経験と実績に基づき、できあがったパッケージです。このパッケージを適用することで、**誰でも簡単に、再現性をもって、今でも十分に利益を得られる投資**をすることができるようになったのです。

弊社の提唱する、土地から始める「新築一棟投資法」も明確な勝ちパターンである投資法のうちのひとつであり、弊社が数年間かけてノウハウを蓄積し、集大成として築き上げてきました。この投資法を使うことによって、誰でも簡単に、再現性をもって、堅実な利益の出せる投資が可能です。ぜひ、活用して頂けると幸いです。

3、「新築一棟投資法」お客様の声

ここでは、実際に弊社のサポートで新築一棟投資を行って頂いたお客様の声をご紹介いたします。こちらはお客様を対象とした実際のアンケート結果を、お客様の許可を得て記載させて頂いております。

●会計事務所勤務　M様

・リアライズ社の「新築一棟投資法」を知ったきっかけは何でしたか？

まず、「建売の新築アパート」を1棟買って、不動産投資に参戦しました。1年が経ち、次の物件を物色したのですが、市場の過熱感からか、なかなか自分の基準を満たす物件にめぐりあえなかったのです。そんな時、インターネットでリアライズさんの「新築一棟投資セミナー」の案内を見つけました。

・中古物件でなく、「新築一棟投資」に踏み切った決め手はどこですか？

1棟目の建売物件を買った経験から、「客付けや修繕の手間がかからない」といった新築の優位性を認識しましたね。

また、市場が加熱するなかで一定の利回りを確保しようとしたら、建売を購入するのではなく、自分で土地取得から設計・建築に関わる必要性を感じた、というのも決め手のひとつになりました。

・「新築一棟投資法」で良かったと思ったところはどこですか？

ひとつ目は、中古よりも長期間の融資を受けられる点。ふたつ目は、品確法やメーカー保証により、建物の躯体や備品・設備についての欠陥リスクが低減される点ですね。また、３つ目は、新築で東京圏・好立地だからこその強みなのですが、客付けや修繕の手間がかからない点が良かったと思っています。

・「新築一棟投資法」をどのような方にお勧めしたいですか？

普段忙しくて、「客付けやメンテナンスに時間をかけられない」というサラリーマン大家さんにお勧めしたいですね。

・初めて建てる方でも、設計に不安などはないものでしょうか？

リアライズ社の担当の方が、施主である私の意向を尊重しつつ、設計士や施工業者との協議や、工事の進捗管理をリードしてくれたので、そこまで不安に感じることはありませんでした。

また、専門用語や業界の慣習を素人にも判りやすく解説してくれたのも安心につながりました。

・リアライズ社のここが強いと思ったところは？

多くの不動産仲介業者と付き合ってきましたが、やはりリアライズさんの「利回りを確保できる土地の発掘能力」はダントツですよ。

それに、想定家賃や建築コストの見積が現実的で、誇大広告の多い業界のなか、誠実性も感じました。

・新築一棟物件を建てるにあたって、お悩みになられたことはどんなことでしたか？

やはり、立地は気にしました。この先、地震などの災害リスクはないか、競合アパートが近くにあるか、などです。

・家賃収入（空室）に不安はありましたか？

「新築一棟投資法」は空室率100％からの客付けとなるため、確かに「ちゃんと全室稼働するのか？」という不安はありました。ですが、蓋を開けてみると12月末までに1室を残して満室、その残り1室も3月の竣工までに満室になったんですよ。

・家賃収入は確実に入ってきましたか？

稼動して半年が経ちますが、想定通りの家賃収入が入っています。

・リアライズ社に依頼して良かったと思うことは？

融資付けでリアライズ社に紹介してもらった金融機関と、地元信金とで比較したところ、当時金利2％程度が普通だったところ、1・2％、30年、フルローンという好条件を引き出すことができたのが大きいですね。

・最後に、リアライズ社に向けメッセージをお願いします。

高収益を実現する土地の発掘力・設計力・コンサル力に磨きをかけ、低コストを実現する金融機関や建設業者とのパイプをさらに強化することで、今後とも不動産投資家の良きパートナーとして活躍されることを希望しています。

●総合商社勤務　M様

・リアライズ社の「新築一棟投資法」を知ったきっかけは何でしたか？

自分にぴったりの不動産投資法はないか、と色々調べていくうちに、リアライズ社のホームページにたどり着きました。一度、話だけでも聞いてみようと面談を申し込んだのです。

箕作社長と面談し、この投資法なら自分に合っているのでは、と感じてますます興味がわいてきました。

・中古物件でなく、「新築一棟投資」に踏み切った決め手はどこですか？

中古だと、物件や入居者にどんな問題があるか、事前に分かりにくいですよね。中古物件はそこが不安だったのです。それに、キャッシュフローでみると、中古・新築でほとんど変わりがなかった。じゃあ、中古のような不安がない新築に取り組んでみよう、と決めました。

「新築一棟投資法」では、土地から探せるので好立地の物件が確保できますし、デザインや間取り、設備も最新のもの。建築の企画にも関わるので、オーナーの関与度合も高いんです。イチから自分の投資物件をつくり上げる、という面でとても充実していたと感じています。

・「新築一棟投資法」をどのような方にお勧めしたいですか？

新築一棟を手に入れたことによって、子供の教育費や老後の不安は完全に消えました。ですので、教育費、老後、雇用への不安が少しでもある方にはぜひチャレンジしてみてもらいたいと思っています。

・初めて建てる方でも、設計に不安などはないものでしょうか？

最初は不安でしたが、リアライズ社の担当さんや建築会社の方から丁寧な説明を受けたので、徐々に不安は無くなりました。自分でも関連書籍（入居者ニーズ調査やリフォーム関連）を読み、不安を解消するための質問のポイントを押さえることができた、と思っています。

・リアライズ社のここが強いと思ったところは？

建売業者と違って多額な利益を乗せていないため、市場と比べて、「高利回りが確保できること」が強みだと思っています。

・家賃収入（空室）に不安はありましたか？

サブリースを採用し、リスクヘッジはしていましたが、正直、満室になるまで不安でした。

・**家賃収入は確実に入ってきましたか？**
サブリースを採用していることもありますが、確実に入ってきました。最初の物件は築3年目ですが、実際の年間入居率も95％以上と良好です。

・**リアライズ社に依頼して良かったと思うことは？**
迅速かつ柔軟な対応をして頂ける点を心強く思っています。

・**最後に、リアライズ社に向けメッセージをお願いします。**
会社の急成長に伴い、規模が拡大しておりますが、今後も変わらぬお付き合いをよろしくお願いします！　益々の発展を期待しています！

●歯科医師　T様

・**リアライズ社の「新築一棟投資法」を知ったきっかけは何でしたか？**

インターネットで不動産投資について調べていた時にリアライズ社のことを知り、「新築一棟投資法」の手法に興味を持ちアクセスしました。

・中古物件でなく、「新築一棟投資」に踏み切った決め手はどこですか？

中古物件ですと、入手するまでの管理状態によって、建物の状態はまちまちですよね。修繕費用などの出費がどの程度かかるのか、入手しないと分からない、という部分が不安でした。

一方、「新築一棟投資法」だと、銀行から長期の融資が引きやすく、実際のキャッシュフローが大きいことが魅力だったんです。

そして、売却を検討する際にも、築浅なので売却がしやすいという出口戦略の取りやすさも大きな魅力でした。

・「新築一棟投資法」で良かったと思ったところはどこですか？

入居募集を開始するとすぐに反応があり、竣工時点で満室になりました。それに加えて建物も設備も新しいので、修繕などの心配はなく、まったく手がかかりません。私は本業が忙しいので、非常に助かっていますね。

・「新築一棟投資法」をどのような方にお勧めしたいですか?

新築で都内、駅近という好立地もあり、客付けも苦労がなく、ストレスが溜まりません。立ち上がってからはまったく手がかからないので、本業が忙しい方にお勧めですよ。

・初めて建てる方でも、設計に不安などはないものでしょうか?

リアライズ社からアドバイスを受ければ、まったく問題ないです。どんな間取りと設備にすればより客付けに有利なのか、最適なプランのアドバイスを頂くことができました。

・リアライズ社のここが強いと思ったところは?

いくつかポイントを挙げるとすれば、

・資産価値のある土地の紹介
・客付けに適した設計アドバイス
・優良な設計士・建築会社の紹介
・優良な管理会社・税理士の紹介

などなど、入口から竣工に至るまで、素人にも万全なアドバイスを頂けるところです。

・新築一棟物件を建てるにあたって、お悩みになられたことはどんなことでしたか？

中古に比べれば、賃料収入が入るまでに時間がかかることが気がかりでした。それに加え、無事立ち上がるのか、立ち上がって客付けが問題なくうまくいくか、ドキドキしていました。

・家賃収入（空室）に不安はありましたか？

正直不安はありましたね。ただし、土地を購入する前にはその土地の入居者ニーズについて、リアライズさんを通じ第三者から意見を頂いたことに加え、自身でも調査を重ねて、ひとつずつ不安材料を潰していきました。

・家賃収入は確実に入ってきましたか？

9部屋の物件が2週間程度で満室になりました。竣工直後から満室経営です。初めからまったく問題なく、家賃収入が入っています。

・リアライズ社に依頼して良かったと思うことは？

素人では難しい新築投資について、全面的にサポート頂ける点です。箕作社長以下、皆さん丁寧にサポートしてくださいましたし、不安なことは何でもコンサルタントの方に質問をすると、すぐに回答をいただけました。

ほとんどストレスを感じず、「新築一棟投資」を行なうことができたので、感謝しています。

・最後に、リアライズ社に向けメッセージをお願いします。

「新築一棟投資」をまだまだ進めたいので、ぜひまた新規物件の紹介をお願いします。

4、これなら儲かる！「新築一棟投資法」収支シミュレーション

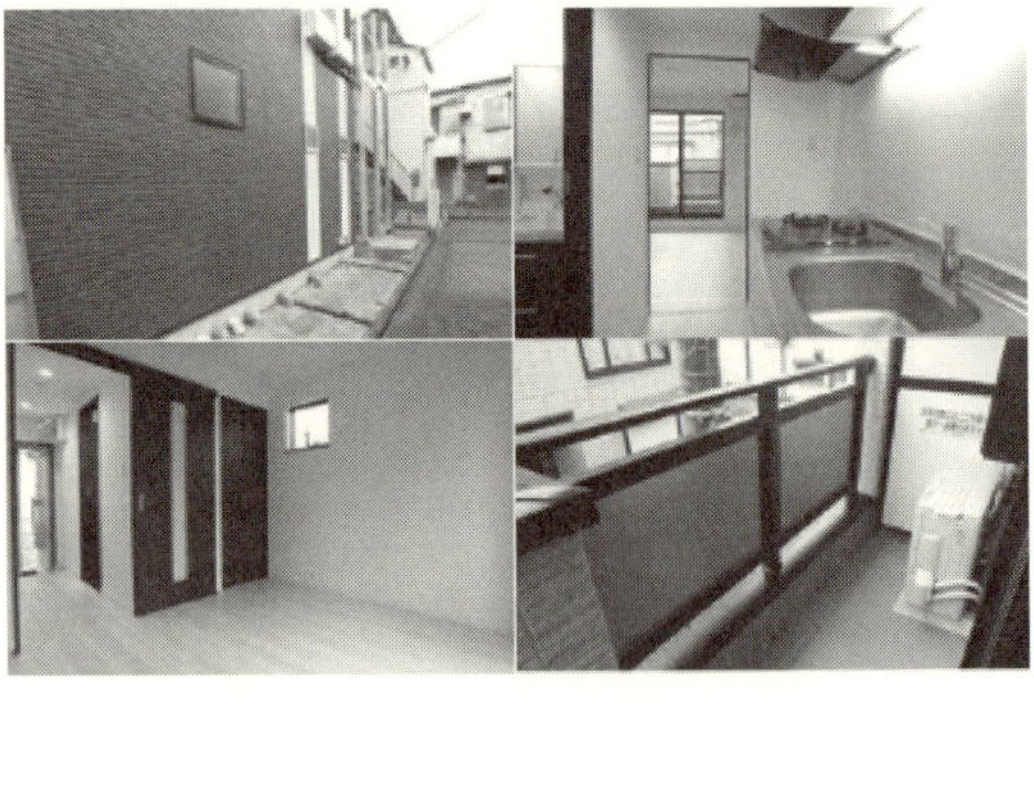

●「利回り」と「インカム・ゲイン」、「キャピタル・ゲイン」

すでに何度か言葉として登場していますが、不動産投資における収支シミュレーションを考える上で重要な「利回り」、「キャピタル・ゲイン」、「インカム・ゲイン」などの用語について改めてご説明しておきたいと思います。

・利回り

まず、「利回り」とは、**投資した不動産から得られる賃料収入などの収益率**のことです。よく利回りとして不動産広告などに表記されているものは「表面利回り」で、年間の物件価格に対する満室時の賃料収入をパーセンテージで表したものです。満室時の賃料収入から管理費、修繕費などを差し引いて計算したものを「**実質利回り**」といいます。

実際の不動産の評価は実質利回りで行うべきですが、物件の種類によって表面利回りと実質利回りの差の大きさはまちまちです。東京圏の新築の場合、中古と比べて入居率も高く、修繕費や入居者募集にかかる広告宣伝費などもほとんどかかりませんので、同じ表面利回りであれば、実質利回りは築年数の経った地方の中古物件より1%~2%程度は高いものとなります。

・インカム・ゲイン

一般的に「インカム・ゲイン」（income gain）というのは、**資産運用に際して、ある資産を保有することで安定的・継続的に受け取ることのできる現金収入**のことを指します。銀行預金や利付債券の受取利息、投資信託の収益分配金がそれに該当します。株式投資の場合には、株主が企業から受け取る配当金がインカム・ゲインということになります。

一方、不動産投資での「インカム・ゲイン」というのは、不動産を購入し、それを運用することで月々に得られる**賃料収入**などのことです。家賃が10万円の物件であれば、その家賃分の10万円がインカム・ゲインということになるわけです。

・キャピタル・ゲイン

これに対して「キャピタル・ゲイン」（capital gain）は、

キャピタルゲインとインカムゲイン

首都圏好立地の築浅アパートの売却相場は利回り5%～6%台くらい。

相続税対策の流行により、売却時の利回りは更に低下傾向!!

（利回りが低い＝価格が高い）

例　価格１億円の物件を利回り７％で取得し、５％で売却

売値は14,000万円!!

ちょっと期待しすぎかもしれませんが……

保有していた資産の値段が変動することによって得られる収益のことを指します。ここでいう資産というのは土地、建物、絵画、ゴルフ会員権、貴金属など幅広いもので、株式や債券などの有価証券も含まれます。一般的に価格が変動するものを安く購入して、高くなった時に売却して得られる値上がり益がキャピタル・ゲインということになっています。

したがって、不動産投資でいう「キャピタル・ゲイン」というのは、不動産を購入し、それを**購入金額以上の値段で売却することで得られる収益**のことです。例えば、不動産を1000万円で買って1500万円で売れれば、500万円がキャピタル・ゲインということになります。逆に、値下がりなどによって、売却価格が下がって損失が出た場合は、キャピタル・ロスが出たといいます。

インカム・ゲインとなる家賃の観点から不動産投資を考えてみた場合、不動産への『投資』というよりはむしろ、**不動産賃貸業を『経営』していく**と考えたほうがいいのかもしれません。定期的な建物の手入れや修繕を行って賃貸物件としての魅力を維持し、管理会社との連携を図ることによって入居率や賃料を高水準で保っていければ、インカム・ゲインとしてその成果を継続的に受け取ることができます。

また、利回りは売却の際の価格に反映されますので、**高いインカム・ゲインを維持していれば結果として高く売却できる**可能性が高まります。

このように、安定的なインカム・ゲインを得ながら運営し、出口ではキャピタル・ゲインも得るというのが、不動産投資のひとつの理想形だといえるでしょう。

●今は最大のチャンス！「新築一棟投資法」は巨大なキャピタル・ゲインを生む？

昨今の不動産投資ブームや相続税対策、日本の不動産の割安感なども相まって、東京圏好立地における新築物件や築浅物件の利回り相場は、木造でも5％～6％台くらいが中心となっています。期待しすぎるのは良くありませんが、**利回り7％、1億円で購入した物件を利回り5％で売却することができれば、それだけで4000万円のキャピタル・ゲインを得る**ことができます。2020年のオリンピックに向けて、東京圏は大幅に値上がりするポテンシャルを秘めており、これはまったくの夢物語ではありません。**相続税対策など、利回りではなく立地重視で購入**する例も増えており、実際に5％程度でも取引されています。仮に物件が売れなくても、しっかりとしたインカム・ゲインが得られるため、何の問題もありません。このように、「新築一棟投資法」は、インカム・ゲイン、キャピタル・ゲインの両方を狙えるのも魅力のひとつです。

●収支シミュレーション

ここで、土地から探す「新築一棟投資法」の収支シミュレーションを見てみましょう。

利回り7%、金利1・2%、フルローン、借入30年、物件価格1・2億円の場合

- **家賃収入　——　８４０万円／年**
- **ローン返済　——　約４７７万円／年**
- **運営諸経費（管理費、固定資産税、修繕費など）　——　約１２０万円／年**
- **収入と支出の差額（キャッシュフロー）　——　約２４３万円／年**

このケースの場合、ローンの返済比率は56・7%です。

5章で詳しくお話しますが、ここで強調したいことは、新築物件は中古物件と違って**収入と支出が非常に安定しており、ほとんど計画とズレがない**ことです。中古物件の場合、大規模・小規模の修繕費や設備の入れ替えなど、予測しきれない経費がどうしても発生するのに対し、新築ではほとんど発生しません。

また、東京圏好立地の新築は稼働率も長期的にみて非常に安定しているので、ほぼ手間のかからない、予定通りの賃貸経営が可能になります。

●低リスクな経営を実現 ―― 出口戦略

不動産の購入にあたって、保有時の収支のシミュレーションのほかに、もうひとつ非常に重要な項目があります。それは出口戦略です。地主系の大家さんは別ですが、不動産を投資目的で購入した場合、一般的にいつまでも物件を保有するケースは少なく、最終的には売却して資産の入れ替えやポートフォリオの組み直しをすることが多いのです。

最近では、**東京圏好立地の築10年以内のものなら、鉄骨で4％~5％台、木造で5％~6％台の利**

例 収支シミュレーション

物件価格 1.2 億円、利回り 7%、
金利 1.2%、借入 30 年の場合の収支

家賃収入	（年）	8,400,000 円
ローン返済	（年）	4,765,080 円
運営諸経費	（年）	約 1,200,000 円

差額（年）　約 2,434,920 円！

回りが相場になりつつあります。購入時に**利回り7％で購入し、10年後に固く見積もって同じ7％で売却**できれば、その時点では返済が進み残債も少なくなっているので、大きなキャピタル・ゲインを得ることができます。また、後の章で詳しく述べますが、次の3つの理由で、**少なくとも10年間、かなり低いリスクで堅実な経営をすることができます。**

①10年間は品確法に守られ、大規模修繕の可能性はほぼゼロ。設備も新しいので、小規模な修繕費も非常に少ない
②新築10年は、築浅物件として人気が高く、高い入居率が安定的に見込める。サブリースの家賃保証も10年ごとの契約が多い
③人口の一極集中が進み、東京圏の単身者市場は、今後15年間拡大し続けると予測されている。少なくとも10年間は東京圏・駅近の単身者向け物件は、家賃も物件価格も維持できる可能性が高い

このように、最初の10年間は賃貸運営に関わるリスクが極端に低いのですが、それ以降はリスクが高まる可能性もあり、何らかの手当てを準備しておく必要があります。そこで弊社がご提案させて頂いているのが、**10年での売却、もしくは繰り上げ返済**です。このどちらかを選択することで、

10年間でしっかりとした利益をとり、かつ10年後以降のリスクを大幅に軽減することが可能になります。

人が住んでいるアパートを売却するという発想は持ちにくいかもしれませんが、そこはドライに考えても問題ありません。入居者のいる物件は購入してすぐに賃料収入が得られるため、投資家にとっては魅力となります。

このように、**出口戦略に強い**のも、土地から探す「新築一棟投資法」の大きな特徴であると言えます。実際、築10年までなら**次に購入する投資家もオリックス銀行などで30年の長期ローンを組むことができるため**、築浅の良い物件は、市場に出たらすぐに売れてしまいます。

では、10年後に売却した場合と、繰り上げ返済した場合の収益をシミュレーションしてみましょう。

●10年後の売却シミュレーション

購入時　――　1・2億円

売却推定金額　――　約11186万円

10年後のローン残債　――　約8469万円
売値－残債　――　約2717万円

10年後の想定年間家賃収益は年0・7％の家賃下落を折り込んでも783万180円となります。この家賃収益を前提に、利回り7％で売却する場合の売値は、1億1185万9721円となり、10年後のローンの残債が8469万574円ですので、**ローン残債との差し引きは約2717万円のプラス**となります。

このように、10年間しっかりと返済を進めれば、10年後時点での売却予想金額は残債を大きく上回ることになります（**売却時の利回りも7％と固く見積もっています**）。つまり、もし10年後以降に何らかの理由で返済できなくなっても、

物件価格1.2億円、利回り7％、金利1.2％、借入30年の場合

例　10年後売却シミュレーション

10年後売却したら……

10年後の想定年間家賃収益 (年間0.7%家賃下落を想定)	**7,830,180**円／年
①上記家賃収益を前提に、利回り7%で売却した場合の売値	**111,859,721**円
②10年後ローン残債	**84,690,574**円
→①売値－②残債	**27,169,147**円

担保価値さえしっかりしている東京圏の物件であれば、それを売却して全額返済できる可能性は非常に高くなります。

前述の通り、鉄骨もしくは木造でも、築10年までなら次の購入者に30年のローンを組む金融機関（オリックス銀行など）がありますので、売却はしやすい状況です。

これとは別に、先に計算したように、保有していた10年間はひと月あたりのキャッシュフローとして20万2910円、年間約240万円のキャッシュフローが生まれますので、節税をしっかりとすれば10年で約2400万円のキャッシュが得られます。

つまり、リスクの少ない新築から10年間だけ保有し、その時点で売却することで、**低リスクで大きなキャッシュを獲得できます**。まさに、**10年間でリスクを回避する出口戦略**と言えるでしょう。

10年後のあなたは、無借金でまとまったキャッシュを獲得し、賃貸業10年の経験を持つ実業家です。初心者に比べて銀行や不動産会社の扱いも大きく違ってきます。また新たに融資を受けて不動産投資を始めるのも良いでしょうし、キャッシュを元手に新たに他の投資や事業を始めるなど、選択肢や可能性が大きく広がります。

●10年後の繰り上げ返済シミュレーション（長期保有）

10年で売却する出口戦略とともに、10年後以降**長期保有してもリスク軽減を可能にするのが、繰り上げ返済プラン**です。法人を設立することにより、所得税を軽減し（0円も可能）、より多くのキャッシュを蓄積することができるのもこの投資法の特徴です。家賃収益によって生まれるキャッシュをしっかりと貯蓄しておき、10年後のリスク上昇に備えておきましょう。貯蓄したキャッシュをどう使うか、その時の状況を見つつで良いのですが、場合によっては繰り上げ返済することで、一気にリスクは軽減します。

物件価格1・2億円、利回り7％の物件を金利1・2％、借入30年、フルローンで購入したとしましょう（キャッシュフローからは、管理費、修繕費、保険料などの諸経費120万円を引いています）。

購入時　1・2億円（利回り7％、金利1・2％、フルローン、借入30年）

年間家賃収入 ―― 約840万円

年間返済額　――　約４７７万円

年間キャッシュフロー　――　約２４３万円

10年間で貯蓄されるキャッシュ　――　約２４３５万円

10年後の残債　――　約８４６９万円

10年後　貯蓄したキャッシュを繰り上げ返済した後の残債　――　約６０３４万円

（10年後）年間家賃収益　――　約７８３万円

（10年後）年間返済額　――　約３４０万円

（10年後）年間キャッシュフロー　――　約３２３万円（運営諸経費約１２０万円を除く）

このように、計画的に投資物件から得られるキャッシュをしっかりと貯蓄しておけば、何も怖がることはありません。そのまま保有していても、これだけのキャッシュがあれば不測の事態でも対応できますし、**その貯金を繰り上げ返済することで、残債は当初の借入額のほぼ半分になり**、ひいては年間返済額も減るため、万が一、大幅に稼働率が下がっても、家賃収益で返済することが十分可能です。

●インフレとキャピタル・ゲイン

昨今の異次元の金融緩和により、日銀は大量の円を増刷し、国債を購入（増やしたお金を国に貸す）するという禁じ手を使っています。これだけ円を大量に増やせば、**長期的には円の価値は下がり、インフレが起こります**。政府も強い意志でインフレを実現させるつもりですし、この金融政策を続ければ、**歴史的事実からみても、どこかで予期せぬような急激なインフレが起こる可能性を大きく秘めています**。

一方、不動産保有のメリットのひとつは、**インフレによるキャピタル・ゲイン獲得ができること**です。一般的にインフレが発生すると1円当たりの価値が下がり、預金や現金の価値は目減りしますが、相対的に物の価格が上がります。したがって、すべての保有資産を円で持っていると、インフレの際には事実上、資産が目減りするため危険です。しかし、不動産の価格はインフレ分だけ上昇します。もちろん、残債が増えることはありませんので、**インフレに進んだ分だけキャピタル・ゲインを得られます**。これは中古物件にもいえることですが、インフレのプラス面（物価上昇による物件の価格上昇）をより大きく享受することができます。

第2章

これから5年間が最大のチャンス！加速する人口一極集中、不動産投資は東京圏・駅近に限定せよ！

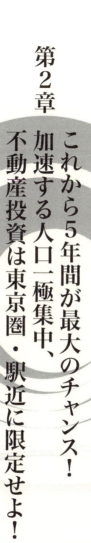

1、東京圏に一極集中する人口動向

弊社が提唱している、土地から探す「新築一棟投資法」は、あくまでも東京圏好立地に物件を限定しています。弊社の「東京圏」の定義は、**都内からアクセスの良い通勤圏となる、国道16号線以内**です。そして好立地とは基本的には、駅から徒歩10分以内を指します（ただし、徒歩15分以内でも大丈夫な駅もあります）。

なぜ、東京圏限定なのでしょうか。

読者の皆さんもご承知の通り、今後の日本は少子高齢化、人口は減少傾向にあります。ところが、東京圏とそのほかの地方という目でとらえると、**地方の人口流出、東京および東京圏への人口流入、一極**

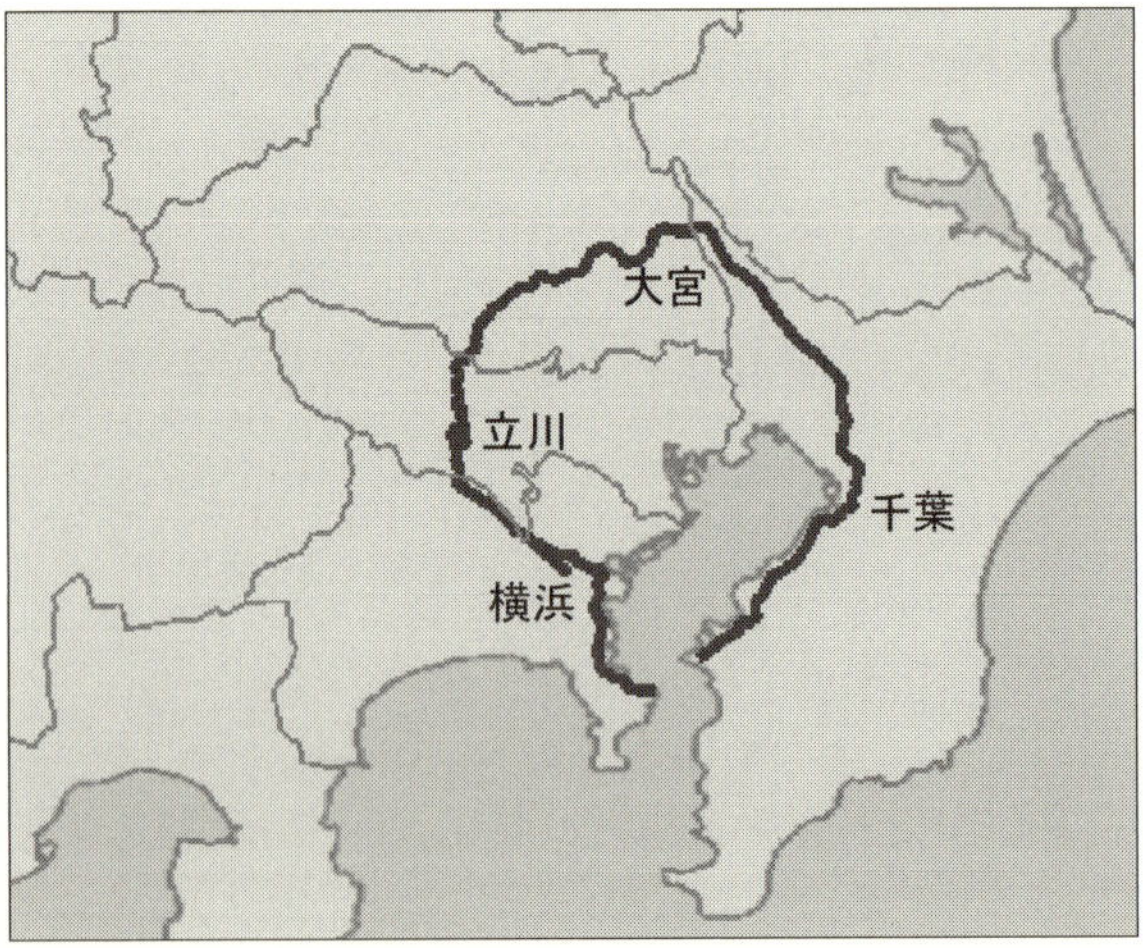

集中が年々加速し、止めることは難しいのです。

２０１４年の総務省統計局のデータによれば、図表のように、大阪圏、名古屋圏が転出超過に陥った一方、東京、埼玉、神奈川、千葉の東京圏では、転入者が転出者を大きく上回っています。ことに東京都では、７万３０００人以上が転入しており、他府県を圧倒しています。東京圏全体でも、**転入超過が前年をさらに上回り、１万２８８４人増の10万９４０８人**となり、流入が年々加速しています。

ここ数年、景気回復とともにビジネスの東京一極集中が加速し、２０１４年は単身者向け賃貸物件の需要の中心にある**労働者人口が一年で10万人以上東京圏に流入**しました。それだけでも単身者向け賃貸10万室の需要が増加することになるのです。想像してみてください。10室の**アパートだと1万棟が追加で必要**になるということです。かなりの量の新規物

補足：資産価値　首都圏 VS 地方

東京都	73,280
埼玉県	14,909
神奈川県	12,855
千葉県	8,364
愛知県	6,190
福岡県	3,900
宮城県	2,437
沖縄県	▲37
岡山県	▲382
大阪府	▲391

2014年　東京圏（東京都、神奈川県、埼玉県、千葉県）で転入者が転出者を上回る「転入超過」が前年比1万2884人増の10万9408人に達し、5年ぶりに10万人を超えた。

その他の地方都市は軒並み苦戦しており、東京圏の一人勝ち状態

件が必要になります。こうした東京圏の人口増加傾向は今後もますます進んでいくと思われます。

さらに、流入してくるのは**大半が東京に仕事を求めてやってくる単身者**となります。彼らがどこに住むかといえば、**都内にアクセスの良い駅のすぐ近く**ということになります。したがって、東京圏のなかでも、都内にアクセスの良い沿線の駅から徒歩10分以内（駅によっては徒歩15分以内）が狙い目です。駅から近く単身者需要の高い立地は、長期にわたって**資産価値と賃貸需要がさらに高まる**可能性が高く、長期的なビジネスである不動産投資を行ううえでリスクが低いと考えられます。

したがって、東京圏駅近くの物件に限定すれば、入居者募集に苦労することは当面考えづらく、長期的に高い入居率と資産価値を維持することが可能なのです。そして、**返済完了後には、大きな資産が残ることになります**。

●東京オリンピックに向けて東京圏のインフラ整備が進み、不動産価格がさらに急騰

また、東京オリンピック開催決定を受けて、**東京各地での交通網の再整備、路線の延伸計画、都市の再開発が急ピッチで進んでいます**。

■出典：画像上：渋谷駅周辺再開発イメージ（東急不動産）、画像中：路線延伸計画「2020 東京・首都圏未来予想図」（宝島社）、画像下：日本橋再開発イメージ（同組合）

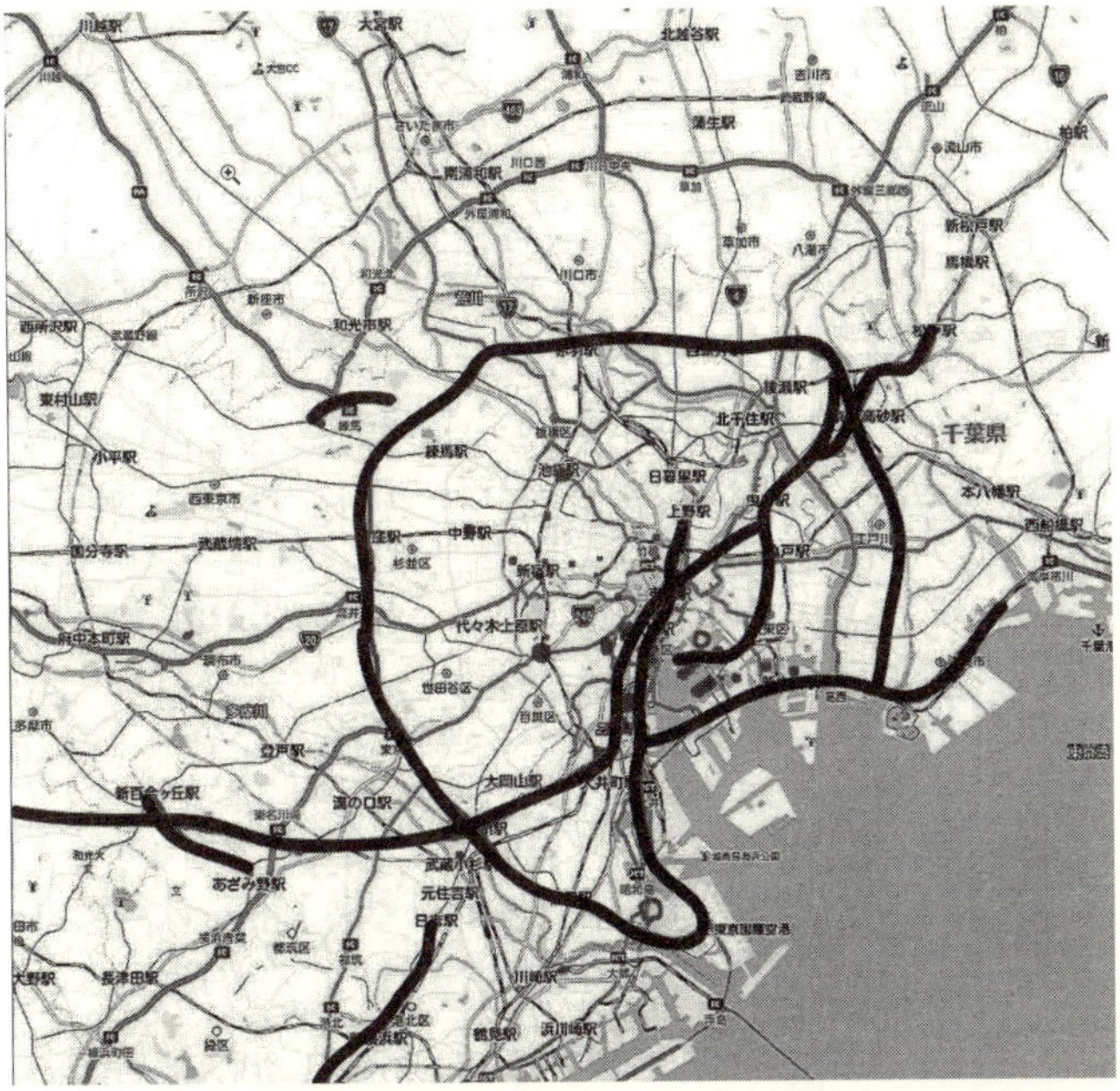

一方、地方ではどんどん若年層が流出しており、人口減少を食い止めるべく**地方再生が叫ばれているなか、決定的な打開策は見当たりません**。商品券のばら撒きなど、一時的にしか効果のない政策ばかりで、長期に渡って雇用を生み出すような産業を作り上げることは容易ではないのです。国会議員のほとんどは地方票が必要なために、非現実的とわかっていながら地方再生を叫ぶしかない、というのが現実ではないでしょうか。一方、東京一極集中を悪いことととらえず、**世界都市である東京**がより元気になり、地方にエネルギーを送っていくことが日本を元気にしていくことに繋がる、という舛添知事の考えは、実は現実的であり合理的と感じます。どんなことでも、短所を伸ばすことは難しいのですが、長所を伸ばすことは比較的簡単なのです。まずは**東京をロンドン、香港、ニューヨーク、シンガポールなどの名だたる都市に負けない世界都市に育てる**ことが日本経済全体を活性化させる近道であり、東京オリンピックは、その国家戦略を実現するきっかけとなるのです。

●世界の主要都市に比べて圧倒的に割安な東京の不動産

左の図表は、世界の主要都市の平米単価と賃料利回りを示したものですが、東京の不動産の取引単価は、デフレや円安の影響もあり、ロンドンや香港、シンガポール、さらにムンバイやモスクワなどよりも圧倒的に割安だということがわかります。**東京の賃料利回りが5・5%**なのに対し、ほかの**世界の主要都市の賃料利回りは2%〜4%程度**なのです。現在の東京の不動産は、海外投資家から見れば、世界の主要都市に比べ、**非常に割安な、絶好の投資環境**にあるということなのです。今後、東京オリンピックに向けて、東京は世界の主要都市に負けない国際都市に発展する可能性を秘めています。そうなれば、東京の不動産価格も、世界の国際都市に並んでくることが推測されます。今、それに気づいた**大量の海外マネーが東京の不動産に流れ込んできています。**ＲＥＩＴ（不動産投資信託）は毎年の

主要都市の平米単価と賃料利回り

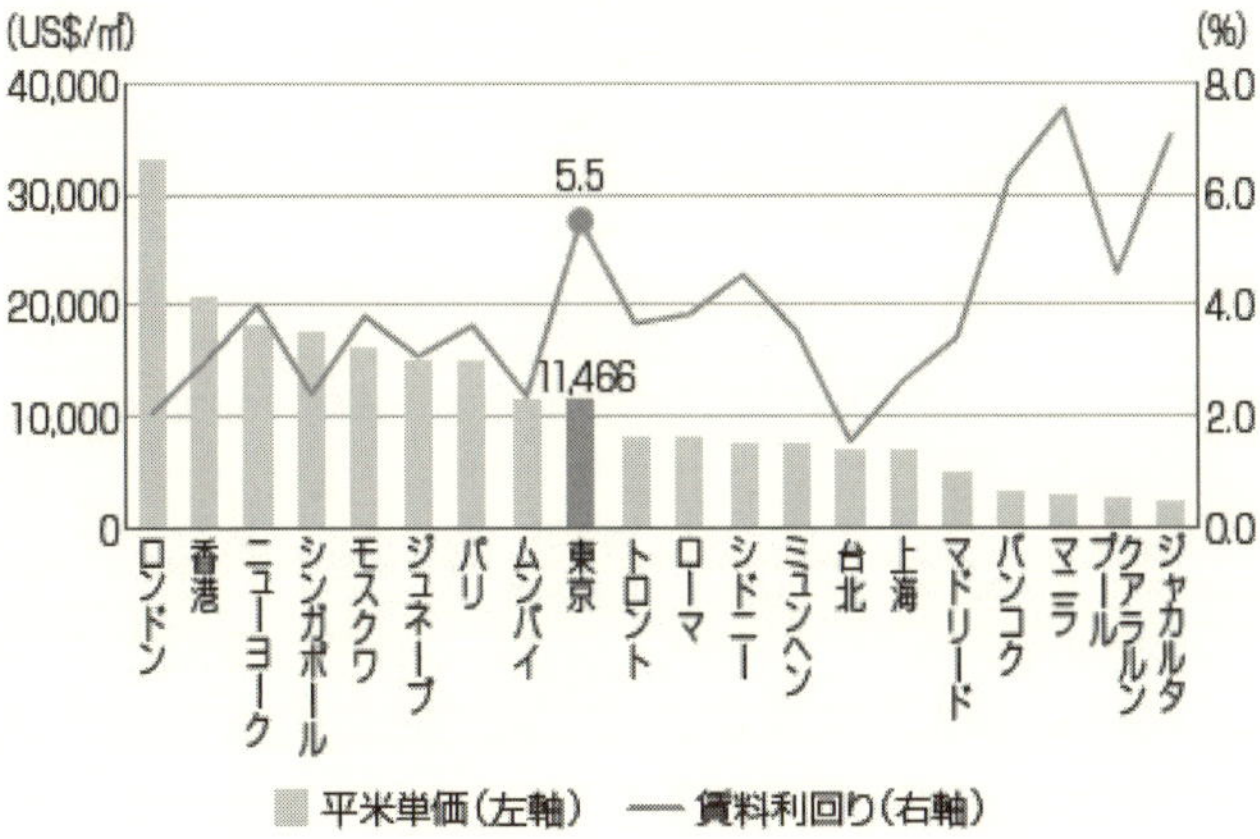

ように過去最高の時価総額を更新し、日本の不動産が海外の企業や機関投資家に買収されるニュースは頻繁に流れています。今後、長期的に続くであろう円安もそれに追い打ちをかけ、日本の不動産の割安感は高まる一方です。

２０１５年の春節や花見のシーズンに日本で大量の買い物をして、マスコミで「爆買い」などと報じられた中国や台湾の方たちですが、家電製品やジュエリーやブランド物ばかりでなく、マンションなどの不動産も「爆買い」していました。

その時の朝日新聞の報道によれば、上海の会社員の女性は、新宿のある１ＬＤＫ（46㎡）の中古マンションを２６００万円の現金一括払いで購入したといいます。この不動産を斡旋した不動産会社は購入後の賃貸や固定資産税の支払いも代行するということで、海外の投資家はメールで情報を受け取ると、下見で来日して10軒ほどを見て、もっと高額なものでも、たいてい１日～２日で決めるというからすごい決断力です。

また最近、日経新聞の報道によると、**中国不動産最大手の**「**緑地集団**」が、みずほフィナンシャルグループと提携して**割安感が強い日本の不動産に投資を始める**と発表されました。これらの海外投資マネーが日本の不動産に流入し、相場を押し上げていくことは間違いなさそうです。

●東京・東京圏以外はほとんど地価も不動産も下落

では、アベノミクスやオリンピックの景況で日本全土の不動産が上昇のトレンドにあるのかといえば、残念ながらそうではありません。

3大都市圏と沖縄を除く、地方各県・各都市の商業地の地価は、多少の上下はあっても値下げ傾向にあります。先述したように、日本の各地の人口は、次のグラフにあるように、東京、埼玉、神奈川などの東京圏などを除いてすべて人口は減少に向かっています。

次の図表は、平成22年の国勢調査に基づいて前年比で人口の増減率を示したものですが、地方の人口減少傾向は、その後も変わっていません。したがって長期的には**地価が今よりも浮上する可能性というのは極めて少ない**と予想せざるを得ません。

2014年の調査で、転入者が転出者を上回る「転入超過」になっているのは、東京を筆頭に、埼玉、神奈川、千葉、愛知、福岡、宮崎のみということを示しましたが、そのほかの地域では、もはや人口は増加することはない、というのが、おおかたの見方ということになります。

3大都市圏の大阪をはじめとした関西エリアでも、近年は人口減少がみられています。これは少し意外な感じを受けますが、その理由は、**関西圏の周りの地方からの流入が少なくなった**からだとされています。かつては九州や四国エリアからの流入が多かったのですが、1990年代後半を境

都道府県別 人口増減率（対前年）

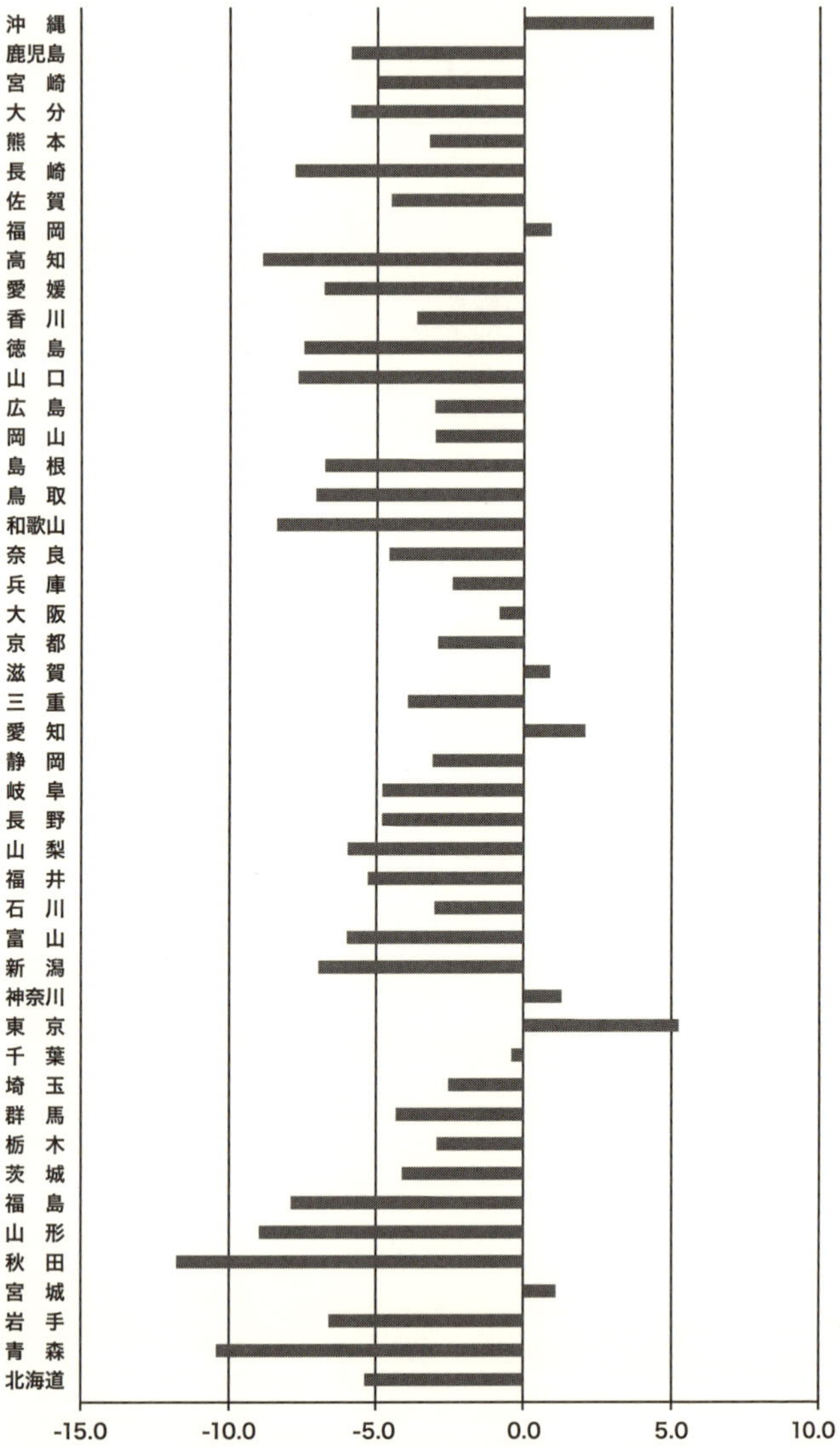

に、そうした流入は減少して、四国、九州などから一気に東京圏へ向かって流入が増えたようです。**大手企業の本社が東京に移転**するなど、東京一極集中が進んでいくなかで、関西エリアは、かつてのような流入を見込めなくなっているのでしょう。

こうした現実をふまえると、**関西エリアの不動産価格・地価の下落傾向は止まらない**とも見られています。

2、オリンピック以降、東京圏の不動産はどうなるのか

●2020年以降も続く？ 東京の不動産価格上昇

東京圏の人口増は2015年以降も長期的に続く見通しですが、さらに地価上昇、不動産価格の上昇を後押しするのが、2020年に予定されている**東京オリンピック・パラリンピック**の開催で

す。

オリンピック開催は不動産価格にどう影響するのか、前回2012年のロンドンオリンピックの事例を見てみましょう。「ロンドンにおける住宅価格」のグラフを見てみると、2005年のロンドンオリンピック開催決定から2012年のオリンピック開催までの間に、急激な上昇が見られます。2009年のリーマンショックで景気の腰を砕かれたものの、その後再び上昇し、**オリンピック終了後はさらに上昇**しています。

また、**2008年の北京オリンピックの際**にも、開催前後一時的に不動産価格が下落したものの、**多くの専門家の予測に反し、その後、急激な上昇**に転じました。競技場やインフラ整備、観光者の増加といった直接効果と、関連産業の需要増大などの間接効果を含めて、その経済効果は史上最大といえるもので、野村證券の試算では、2002年から2008年までの7年間で、9657億元（約15・2兆円）の経済効果があったとされ、その好景気で潤ったマネーが再度、更に利便性の向上した不動産に流入したとも考えられます。ロンドンも同様に、オリンピック終了後にさらなる賃貸・不動産バブルが起きました。

世界の投資家が「日本買い」に走っているのも、こうした背景があるからです。

オリンピック開催をきっかけとしたさまざまな開発が、オリンピック終了後も、周辺の土地や不動産の長期的な利便性や付加価値を上げるということは、過去の実例によって、ある程度証明されているといえるでしょう。

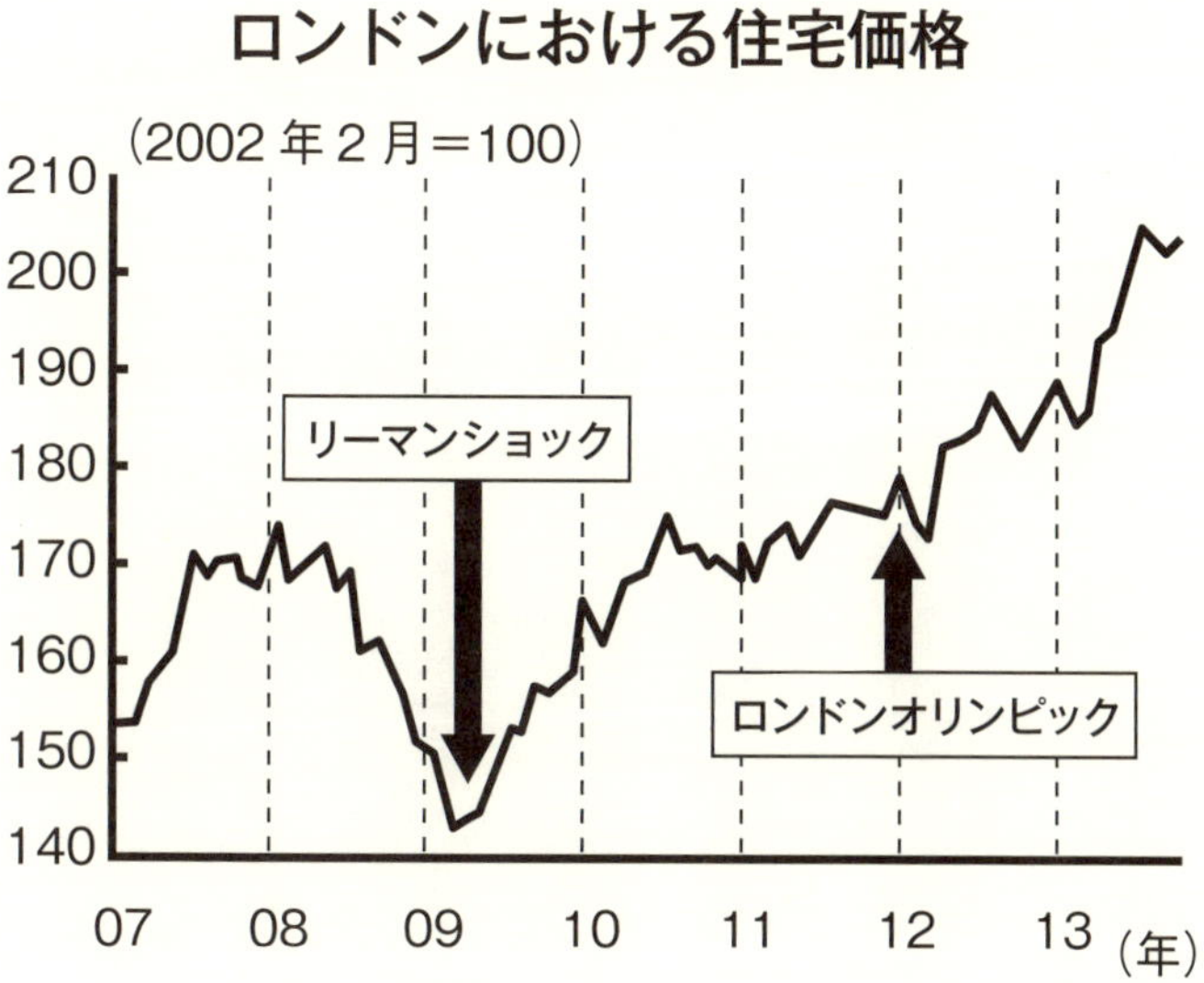

3、急増する単身者世帯数

●東京圏ではファミリータイプより単身者向けが有望

ここまで見てきたように、東京圏の不動産投資の有効性や優位性は際立っています。

ただし、不動産投資の可能性を知るには、ターゲットとなる居住者の動向も見ておかなければなりません。現在、東京周辺で加熱しているタワーマンションや中古マンションは、いわゆるファミリータイプのものが中心です。しかし、**東京圏で人口が増えているのは「夫婦と子供世帯」というファミリー層ではなく、「単身世帯」**です。労働者人口の流

賃貸住宅居住者の世帯累計推移（首都圏）

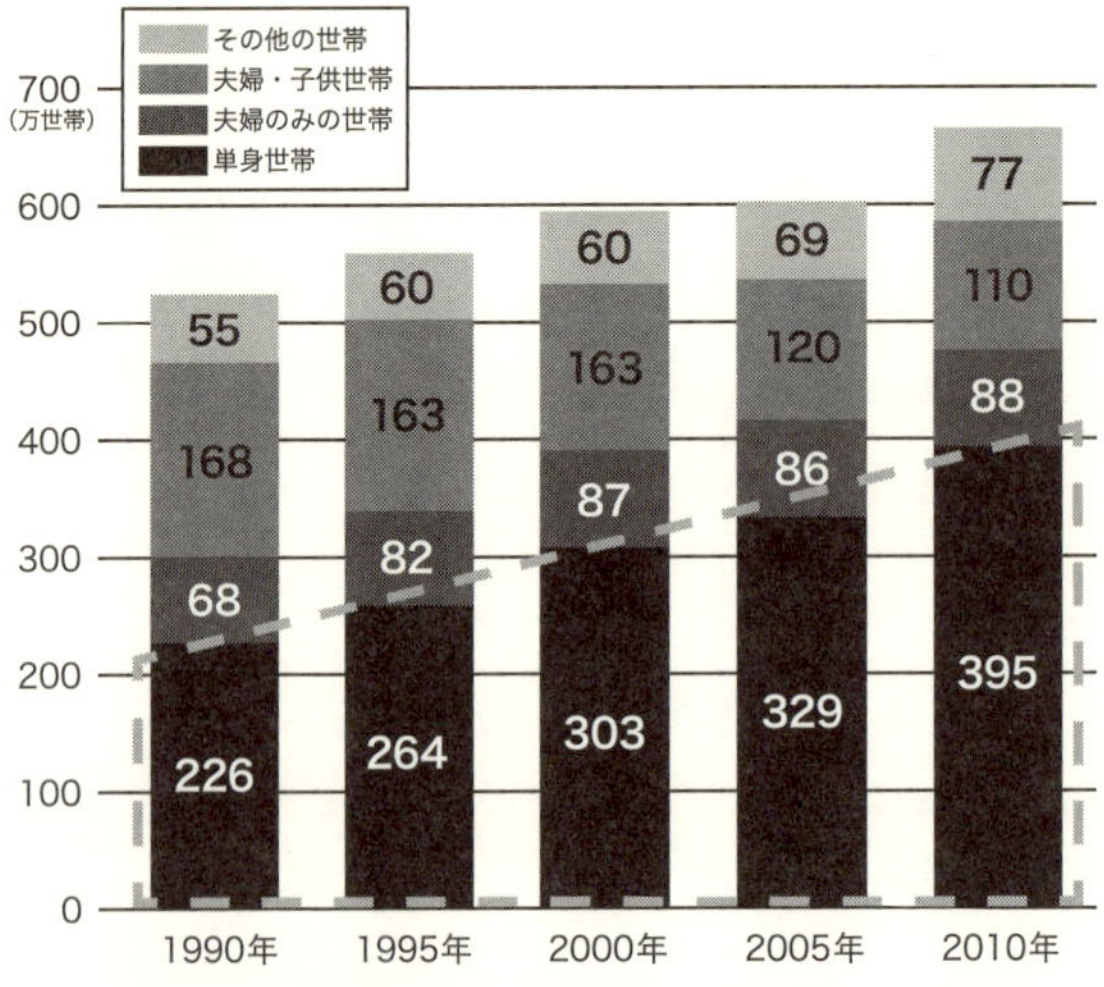

入も大きな理由ですが、あわせて晩婚化が進むことでシングル世帯が急増してきています。こうしたシングル層の増加が進むことで、都心の単身者向けアパートやマンションの需要がますます増えていくことが予想できます。逆にファミリー層は郊外の戸建てやマンションに移っていく傾向にあるということです。

ここで大切なのは、**単身層は車の所有率も低くなりますので、やはり駅近くの利便性の高い物件に人気が集まる**ということです。

みずほ銀行が、賃貸住宅の市場規模の長期予測をしていますが、**２０１０年に１・９兆円だった単身者向けの市場が２０３０年までに２・１兆円に拡大**すると予測しています。

年齢別単身者数の推移

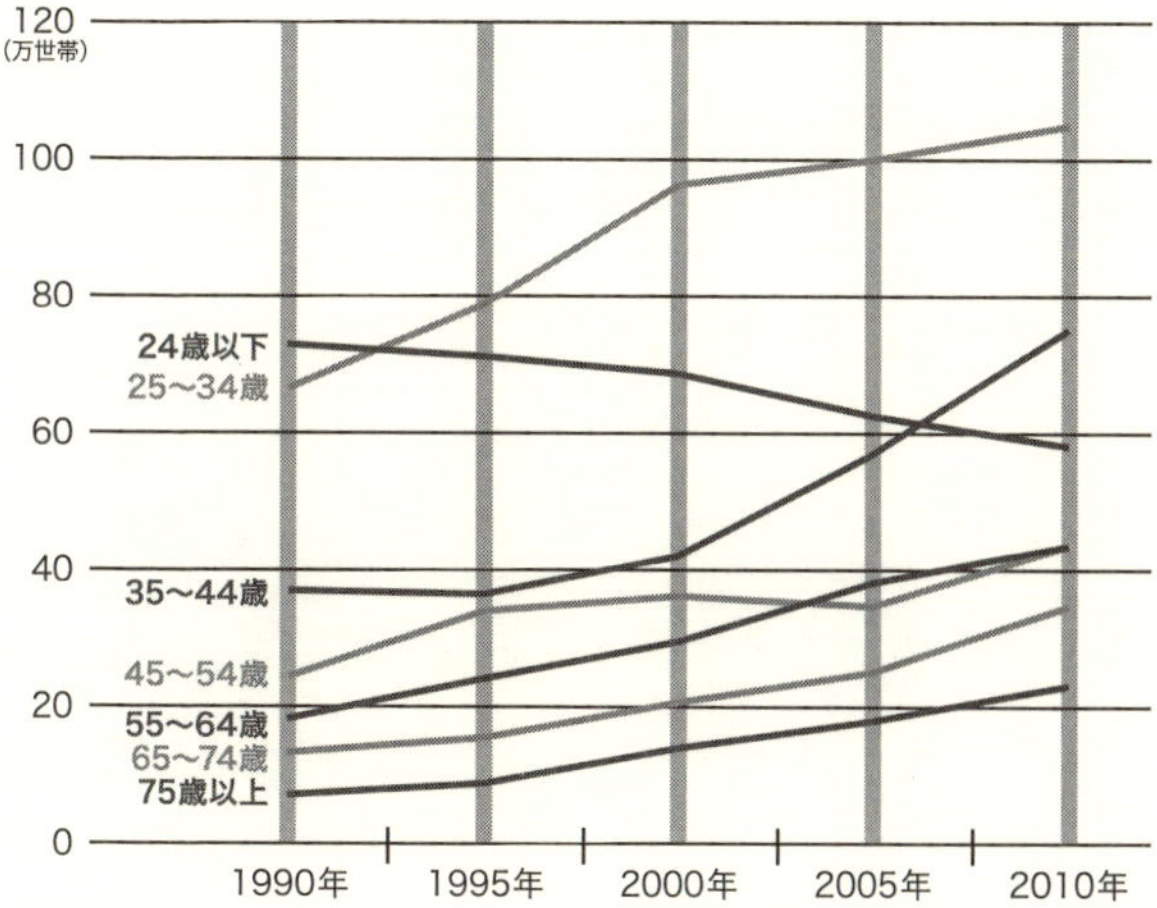

この調査も、ファミリー世帯の需要が減少する一方で、**単身世帯の需要は今後15年間は増え続ける**という予想となっています。

また、これとは別に、外国人労働者や観光客の受け入れの法整備が進みつつあります。少子高齢化が急激に進む日本にとって、**大量の外国人労働者の受け入れは避けて通れない**状況です。また、観光客の宿泊施設が圧倒的に不足しており、**賃貸物件を外国人のホテル代わりに利用する**例も増えてきました。規制が緩和されつつあるなか、外国人向けの賃貸需要も急激に増加すると推測されます。

私たちが提案している投資法は、すべてがこの**人口動向、賃貸需要にマッチするように設計**されています。その設計通りに、東京圏駅近くの単身世帯向けアパート・マンション

賃貸住宅市場の長期予測（金額ベース）

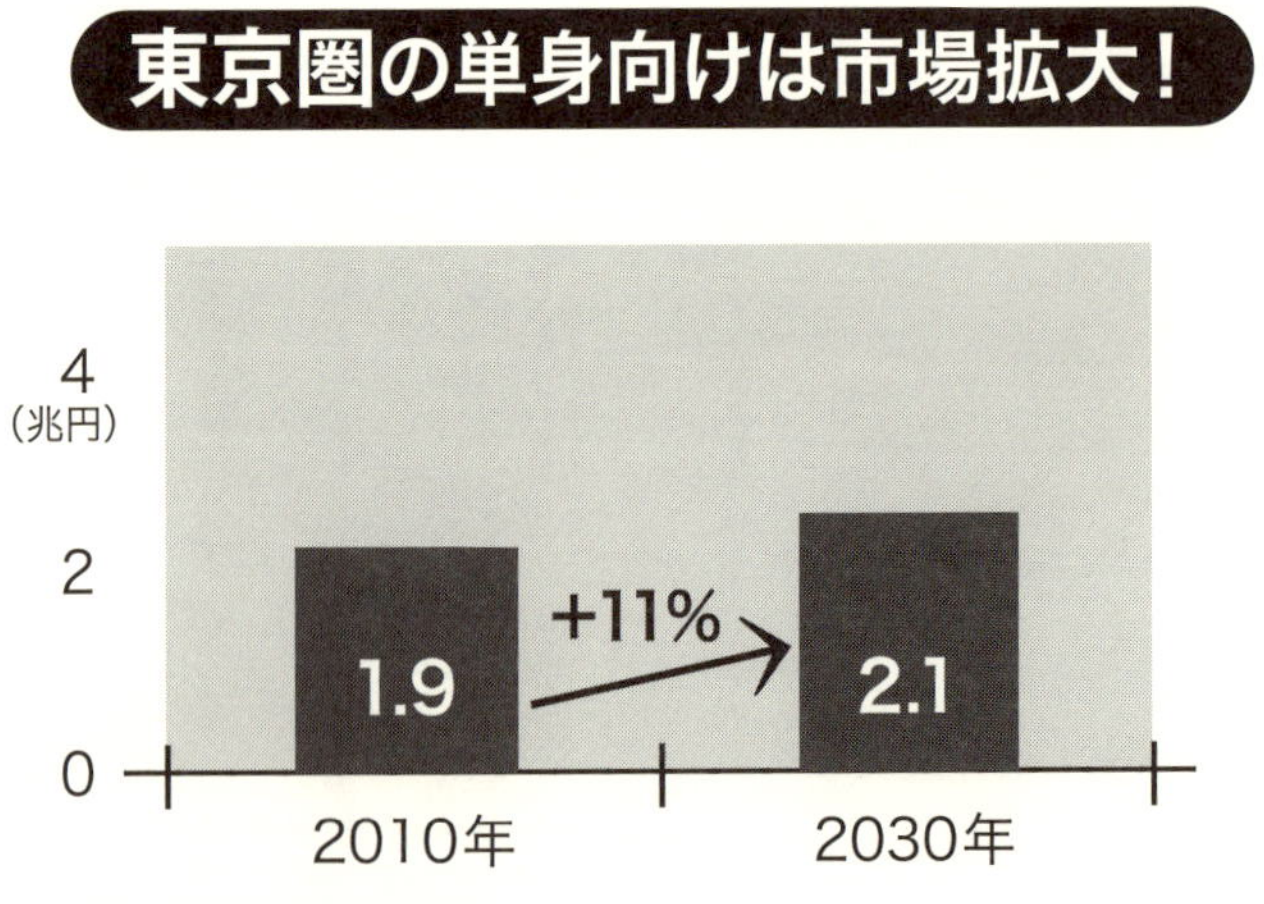

を手に入れれば、**10年間は安定したインカム・ゲインを得られ、10年後には売却しやすい出口戦略を使ってキャピタル・ゲインを得られる**可能性が高いのです。

4、今後5年間、東京圏の不動産投資は絶好のチャンスを迎える！

ここまで見てきましたように、東京および東京圏の地価、不動産価格は、次のような理由で、今後もさらに上昇する見通しです。

・アベノミクス効果による株高・円安での景気回復、２０２０年の東京オリンピック開催、それにともなう東京圏への人口集中の加速、東京圏の地価上昇など
・円安による建築資材の需要増による高騰、オリンピック建築ラッシュでの職人単価高騰
・消費税が10％へ（17年４月）

・海外マネーの日本不動産への流入

「5年後のオリンピックが終了すれば、物件価格が下がってしまうから、今からでは遅いのでは?」という質問があります。しかし、「東京圏駅近」の単身者向け立地に限ってはその可能性は低いと考えられます。過去のオリンピックの事例でも、オリンピック終了後に価格がさらに上昇したこと、15年間は単身者向け賃貸市場が拡大すると予測されていることで、少なくとも次の4つの理由から、東京圏駅近の家賃相場や物件価値は下がらないのでは、というのが私の予測です。

①オリンピックに向けて東京圏のインフラ整備が進み、労働者人口(単身者)の東京圏一極集中がさらに加速。ロンドンオリンピックの

不動産を買うなら、今はチャンス!!

不動産価格は今後、値上がり要因が満載!

(1)アベノミクス効果による、株高と景気回復
2020年　東京オリンピック、開催決定!!
東京圏への人口集中加速(昨年転入超　約11万人)
不動産投資信託(REIT)時価総額最高記録を更新
首都圏の地価は上昇傾向に転じている。
(東京都　2014年　前年比+4.4%)

(2)円安により、建築資材価格が高騰基調
復興需要、オリンピック建築ラッシュで職人単価高騰

(3)消費税が5% ⇒ 8% ⇒ 10%

⇒ **不動産を買うなら今は好機**

事例にもある通り、オリンピック終了後は以前よりさらに便利になり、より一層、地価が上昇する可能性が高い

②オリンピック後、東京が国際都市として発展し、今は割安感のある東京圏不動産も、ロンドン、香港、シンガポール、ニューヨークといった主要国際都市に物件価格が近づく

③15年間、賃貸の単身者市場は増加し続けると予測されている

④労働者や観光客として外国人の受け入れ法整備が進みつつあり、外国人向けの需要が大量に増えることで、その滞在場所の確保が必要になる

これらを考えると少なくとも**15年間、東京圏駅近の家賃相場や物件価格が下落することは考えづらく、むしろ大幅に上昇する可能性**を大きく秘めていると考えています。

1章で説明しましたが、この**5年以内で物件を取得すれば、その後10年間は安定したインカム・ゲインを取得しつつ、10年後に繰り上げ返済もしくは売却**することで、低リスクで大きな投資回収を得ることができると考えられます。つまりこれからの5年間はインカム・ゲインとキャピタル・ゲインの両方で大きな利益を得られる、最大のチャンスなのです。

●すでに始まっている！　東京圏好立地、土地の争奪戦！

このような状況の中、すでに不動産大手企業や個人投資家を含め、**東京圏好立地の壮絶な土地の争奪戦が始まっています**。日経新聞の報道によると、都心への流入が続く**単身者の需要を取り込むため**、三菱地所グループはマンション用地の取得ペースを従来の3倍に引き上げ、新日鉄興和不動産は単身者向けマンション事業に本格参入。開発物件は満室にしたうえで、完成1年後をめどに生命保険会社などの機関投資家に売却。**1棟当たり10～50億円程度の売却益を得る予定**とのこと。そのほか多くの企業も利回りが出る土地を求めて、参入報道が続いています。

最近では、地方の人口減少を嫌う不動産投資家が、東京圏の物件と地方物件との入れ替えを進めたり、相続税対策目的の資産家が、東京圏好立地の土地を購入すべく参入し、物件の争奪戦が激しくなってきました。おそらく、ここ数年で**東京圏好立地の「アパート・マンション向け用地」はほとんどなくなり**、値上がりしてしまう可能性が高いと思われます。**東京圏での投資を考えるなら、急がなければ難しくなりそう**です。

第3章

新築なのに、中古以上の利回りを実現できる理由

1、「新築なのに？」業界の常識を覆したワケ

●投資家たちがもてはやした「中古」の利回りが急落！

不動産投資の手法は銀行の融資姿勢にも大きく左右されるため、その時代、時期の情勢によってどの手法が利益を出しやすいのかが、刻一刻と変化していきます。

現在は、アベノミクスでいわゆる「異次元の金融緩和」が行われ、**非常に融資が付きやすい状況**です。

また、東京オリンピックの開催決定や、中国をはじめとした外国資本の流入という背景もあり、不動産価格が高騰し、中古の投資用アパート・マンションの利回りが急激に低下しています。

もちろん、物件によっては、たまたま高い利回りの優良な中古物件が出る可能性も0ではありませんが、よほどの経験や情報がなければ**手に入れるのは困難で、現実性も再現性もありません。**

●土地から探せば、まだお宝物件にありつける！

土地から探す「新築一棟投資法」では、物件を土地から探すことで、今でも**新築で中古物件以上の利回り**を実現しています。東京圏の場合、すでに競争が激しく、しっかりとキャッシュフローが出せるような中古物件は市場に出まわることがほとんどなく、入手することは事実上困難です。**それに比べると土地から探す「新築一棟投資法」の場合、物件探しの難易度も高く、まだ投資法が広く浸透していないため、今でもお宝物件を見つけることが十分可能**なのです。

利回りも中古より高いのであれば、新築のほうが圧倒的に優位性が高いのは当然です。また、この投資法なら、属性によっては金融機関から**金利1・2%～、借入30年～35年、頭金0という、中古ではあり得ないような融資条件を引き出すことができます**し、新築は中古より稼働率が高いうえ、修繕費がほとんどかからないので、**同じ表面利回りなら、実質利回りは新築のほうがかなり高くなります。**表面利回りが同等以上で融資条件がより有利であるならば、**キャッシュフローはもちろん、イールド・ギャップ（投資利回りと借入金利の差）、ＲＯＩ（投資回収率）といった投資効率は新築が中古物件を凌駕します。**こうなると、もはやあえて中古物件を購入する理由がありません。

それではなぜ、土地から探して新築で建物を建てるという投資法が、それほど一般的に行われていないのか、その理由を次に説明します。

●物件探し、設計、建築の難しさ

購入する投資物件を探す時は、不動産投資物件の専門サイトから探すか、不動産業者に依頼して物件を紹介してもらうのが一般的です。しかし、紹介してもらえる物件は、ほとんどが中古物件、もしくはごく少数の「建売」の新築物件になります。「建売」の新築物件とは、すでに建物が完成している新築物件、もしくは間もなく完成予定の新築物件です。

「同じ新築なら土地から探さなくても建売物件でも良いのでは？」という疑問もあるかと思いますが、結論から言うと、**建売の新築物件というのは一般的に中古以上に利回りが出ません**。その理由は、建売の場合、一度建売業者が土地を購入し、その上に建物を建て、そこに大きな利益を乗せたうえで物件を売りに出すからです。もちろん新築ならではのメリットはありますが、利回りが低くては意味がありません。

一方、土地から探す「新築一棟投資法」の場合、一度建売業者が購入、建築した物件を買うのではなく、投資家が一般の売主から土地を直接購入し、自分で建築することができます。一度建売業者が購入、建築すると、業者はそれに見合った土地、建物の利益を乗せて売らなければなりませんが、直接一般の売主（地主）から土地を購入すれば、仲介手数料は必要になるものの、**利益が乗る前の物件価格で購入、建築することもできる**ので利回りが上がります。

それではなぜ、皆さんが、土地から購入しないのでしょうか？

ひとつ目の理由は、**一般に公開されている物件情報では、ほとんど良い土地が見つからない**からです。弊社では**未公開の優良物件を集めるために専門のチーム**を結成し、１都３県、くまなく地場の不動産業者とのパイプを構築し、土地情報の収集に努めています。そのため、未公開の土地情報を素早くキャッチし、お客様にご提供することができます。良い情報は一朝一夕に頂けるものではありません。**地道な努力と多くの年月をかけて地場の業者と信頼関係を築く必要があり**、何度も何度も訪問を重ねて、やっと頂けるようになるのです。このような地道な作業は、ノウハウを持たない一般の方や不動産業者にはなかなか難しいものです。

ふたつ目の理由は、ただいたずらに土地情報を見ても、それが投資物件として良い物件なのかどうか、すぐには分からないことにあります。どのような建物がいくらで建てられて、どれくらいの利回りが出るのか、判別ができないのです。

もしその土地に、どのような建物が建つのかを判別しようと思うと、**資格を持った熟練の設計士に依頼しなければ厳密には判別できません**。資格のない素人や、投資物件の経験値が低い設計士が判別すると、想定していた建物が建たないことが多く、土地の購入後、大きなトラブルにつながります。

建物に関する規制は、マンション・アパートのほうが一戸建てよりも複雑なうえ、市区町村など行政によっても細かく異なり、よほど経験値の高い設計士でなければ本当にそのプランで建物が建てられるのか、厳密に判別するのは難しいのです。

それでは、土地が出るたびに設計士に依頼すれば良いのでは？　と考える方もいらっしゃいますが、**実際に利回りがしっかり出る土地は、数多くある土地情報のなかで、何十件、何百件に1件**しかありません。身近によほど仲が良く、投資物件のプラン作成に慣れた設計士がいれば別ですが、ほかの仕事で忙しいなか、次から次に出てくる土地のプランを素早く作成してはくれないでしょう。プランの作成には、諸々の調査なども含めると一般的に数日～数週間はかかるのです。良さそうな土地が出ても、**2～3日以内にはプランを作って購入の判断をしなければ、良い土地はすぐになくなってしまいます。**

また、設計だけでなく、**建築も一般の方や業者には難しい**問題です。

まず建築会社自体に、アパートやマンションの豊富な建築経験が必要になります。そのうえで適切な価格、内容で適切な工事を実行してくれる建築会社は数が少なく、そう簡単に見つけることはできません。見積もりを依頼すると受注したいがために最初は良いことばかり言ったり、**見かけ上、実際より低い金額で見積もりを出してきたりする業者もいます。**よく坪単価○○万円！ などと格安に見える広告がありますが、最初は本体価格だけ提示して、設備、外構、水道の引き込みなどのほかに必要な付帯工事を入れると最終的には倍以上の価格になるケースもあります。

しかし、その価格が正しいのか判別することもプロでなければ容易ではなく、**発注後にさまざまな項目があとから追加されて想定以上に高い見積になったり、**品質が悪かったり、工期が全然間に合わなかったり、**トラブルが続出する例があとをたちません。**一般の方が良い建築会社を判別するのは非常に難しいことなのです。

●優秀な設計士、建築会社が成功の鍵

土地探しから始める「新築一棟投資法」を成功させるには、信頼できる優秀な専門のスタッフと

チームを結成し、ノウハウと熟練度を上げていくしかありません。**土地の情報入手からプラン作成、ご提案までをかなりのスピード感を持って進められなければ、お宝物件はすぐになくなってしまいます。**

弊社では、これらの問題を解決するため、**優秀な設計士や設計スタッフを社員として採用、チームを結成**し、日々、研究を重ねています。

また、良い土地情報を集めるための専門チーム、良い建物を適切な価格で建築できる建築会社、竣工までの工程を管理する管理チームなど、お客様に安心して頂けるよう、**しっかりとサポートできる組織体制**を、時間をかけて結成してきました。このようなノウハウと熟練度を持ったチームでなければ、この投資法をリスクなく行うことは非常に難しいことなのです。

第4章

なぜ、金利1・2%～、借入30年、頭金0で融資可能なのか？

1、好条件の融資を受けるための重要ポイント

土地から探す「新築一棟投資法」の一番の肝は、圧倒的に有利な融資条件です。**金利1・2%〜という低金利で、期間30年〜35年、フルローンの好条件で融資**が受けられるため、少ない自己資金で中古に負けない高いキャッシュフローを安定して生み出すことが可能になります（融資条件はお客様のお住まい場所や属性によって条件が変わりますのでご注意ください）。

また、通常の場合、投資物件の購入に必要な自己資金は、最低でも物件価格の10%の頭金と、諸費用分（物件価格の8%〜10%）となります。つまり新築一棟の価格を1億円とした場合、頭金1000万円＋初期費用800万円〜1000万円、合計、1800万円〜2000万円が必要ということになります。

とても、こんな金額の自己資金は用意できないというのが、一般的ではないでしょうか。

でも、ご心配はいりません。全額を銀行からの融資でまかなう「**フルローン**」**であれば、諸費用を工夫することで、自己資金300万円程度からでも不動産投資**が可能になります。弊社では、そのための金融機関をご紹介もしています（お客様のお住まいの場所、勤務先、年収などの属性によっ

ては、融資条件が変わる場合があります）。

・フルローンとは？

まず、フルローンとは何かについてご説明します。

不動産投資を行うにあたって、物件を購入する際に必要なお金は大きく分けると左の３つになります。

a. 土地代金
b. 建物代金
c. 諸費用（登記費用、銀行手数料、火災保険料、仲介手数料、固定資産税清算金、不動産取得税、など）

必要な資金はａ～ｃの合計金額となります（ａｂを足したものを**物件価格**といい、ａ～ｃを足したものを**総事業費用**と呼びます）。

このａ～ｃの合計金額を、銀行からの融資と自己資金でまかなう必要があるのですが、ａｂの物件価格全額の融資を受けることを「**フルローン**」と呼びます。

ただ、ここで注意しなければいけないのが、「フルローン」といっても、あくまでもａ土地代金ｂ建物代金の合計金額（物件価格）全額を融資でまかなうことですので、ｃの諸費用はあくまで自己資金を出す必要があります。

●低リスクの投資には低金利で融資！　金融機関の考え方

金融機関が融資をするかどうか判断する時、またはどのような条件（金利、期間など）で融資するか決める時、その判断材料は一点、「**融資したお金を回収できなくなるリスクがどのくらいあるか**」です。融資をしても**ほぼ１００％返済できると判断すれば金利は非常に低くなります**し、リスクがあると判断すれば融資自体を断るか、金利を高く設定します。多少リスクがあっても、金利さえ高く貸し出せば数十件に1件くらい返済不能となっても、全体としては利益が出るという考え方です。

また、金融機関は左記の段階で投資家の返済能力を確認します。

①不動産経営自体がうまくいき、事業収益から無理なく返済できるか
実質利回りや修繕リスクなどを加味した収益性、事業性の高さを確認します。

②万が一、事業がうまくいかなくなっても給与所得や保有資産の中から返済できるか
給与所得、勤続年数、勤め先、保有金融資産などを確認します。

③①②のどちらからも回収できない場合、担保を売却して返済できるか
通常は、購入物件を担保として取得するため、購入物件の担保価値を確認します。

もし①～③の安全性を銀行にしっかりと認めてもらえれば、非常に良い条件で融資を受けられますが、それは簡単なことではありません。重要なことは**再現性をもって、実績としてそれを証明することです。**

私はよくセミナーなどでも「**場当たり的に『物件』で投資をすると失敗する。確実に勝てる実績**

のある**『手法』を身につけて勝負すべき**」というお話をします。

個人で物件検索をして、高利回り物件を見つけ首尾よく入手できたとしても、物件の種類によってリスクや運営ノウハウは異なり、**すべてを熟知することは困難**です。

木造では起きなかったことがRCでは起きる。新築では起きないことが築古では起きる。共同住宅で起きないことがシェアハウスでは起きる。いろいろな投資手法を混ぜると、それぞれの物件種別に潜むさまざまなリスクを一人の投資家が熟知し、チェックすることは事実上難しく、チェック漏れが生じてトラブルが起きます。後になって、買わなきゃ良かった！　と言っても、取り返しがつきません。もし成功してもそれは偶然によるところが大きく、**再現性に乏しい**のです。

特に中古物件であれば、建物や設備に今後大規模な修繕が必要になる可能性がありますので、初心者大家さんでは長期にわたって安定した賃貸経営ができるかどうかもわかりません。

つまり、**銀行にとっては「物件」主体の不動産投資は不確定要素だらけで非常にハイリスク**であり、そのリスクの担保として個人の高属性を求めるか、頭金を多めに入れてもらうか、リスクに応じて金利や条件を厳しくするしかありません。

弊社では、**フルローンだけでなく、アパートローンで金利1・2％〜、借入期間30年〜35年**という住宅ローン並みの好条件を、再現性をもって引き出すことに成功しています。

これほどの融資条件を引き出せたカギは、銀行と弊社との「信頼関係」です。

今まで多くの成功実績を積み重ねてきたことで、「**当社の紹介する東京圏の好立地にある新築物件であれば、極めて返済不能リスクが低い**」と銀行から信頼して頂くことができました。この実績に裏打ちされた信頼があるからこそ、弊社のお客様＝リスクが低い融資先だと判断され、今までは考えられないような好条件で銀行が融資してくれるようになったのです。では、どのような理由で返済リスクが低いとご判断頂けているのか、次にご説明します。

●銀行目線で言えば、まずは10年間、事業計画通りに進めば確実に返済可能！

金融機関にとって最大のリスクは、投資家が破産（デフォルト）して、融資したお金が回収できなくなることです。このリスクが小さいことさえ証明できれば、金融機関は良い条件で融資をしてくれます。そして、それを証明するためには、**確実な収益性と出口戦略**が必要となります。これらを兼ね備えて考えられているのが「新築一棟投資法」の素晴らしいところです。

好立地の物件であれば、購入した**物件の価値下落速度より残債が減る速度のほうが早いので、ま**

ずは10年間順調に返済が進めば、10年後には残債の額が物件価値を十分下回ります。銀行目線から見れば、最悪でも10年間順調に事業が進めば、それ以降は担保である購入物件を売却することで、ほぼ確実に回収できます。

【弊社の手がける物件の特徴】（詳しくは5章参照）

①実積として、平均稼働率97％と高い稼働率を維持
②東京圏の単身者市場は今後15年間は増加し続けることが予測されており、その需要に合った東京圏の立地と間取りに限定
③10年間は建物の大規模修繕のリスクがなく、品確法で守られる新築物件。設備も新しいので故障が少ない。中古に比べて10年は修繕費の出費がほとんどなく、実質利回りが高い
④建物を劣化対策等級2級（50～60年大規模修繕が不要な性能）に準拠することで、10年後以降の建物価値を維持

これらの条件が揃っていれば、①～③で**10年間、予定通りの安定経営と順調な返済**が可能であり、

②④によって**10年後以降、残債を大きく上回る金額で、売却が可能であると示すこと**が証明できます。

さらに④の住宅性能評価である**劣化対策等級2級（50~60年間大規模修繕が不要とされる基準）に準拠**しており、正式に適合証明書を取得することで10年後以降の建物の耐久性を証明でき、借入期間も30年に延ばすことができます。

さらに①の実績が今後も維持できる根拠として、弊社の物件は提携管理会社の10年のサブリースが利用可能だということがあります。賃貸経営の一番のリスクである空室や滞納のリスクを回避できるので、当初10年で**破たんする確率は非常に小さい**と考えられます。

また、少なくとも10年経てば返済が進み、残債が物件価格を大きく下回ります。**結論、融資したお金を回収できなくなるリスクはほとんどない**のです。

例えて言えば、弊社の土地から探す「新築一棟投資法」の物件は、**品質の保証されたパッケージ商品**のようなものです。同じ「投資法」で企画された物件の過去の実績データを見れば、個々の物件の立地や建物が違っても、どれも返済するに十分な不動産事業として成り立っていることがわかります。再現性が高いので、確率的にデフォルトする可能性は極めて低いと判断できます。つまり、この「投資法」に対して信頼性の高さで、圧倒的に有利な融資条件を引き出しているのです。

第5章

新築だからこそ！
安定した収入・支出、明確な出口戦略

1、新築物件の安定した収入

●安定した収入が得られる新築物件

ここでは、新築の優位性について考えてみましょう。築浅物件と築20年の物件があった場合、多くの人は築浅への入居を望むはずです。**日本人は新しいものが好きですし、新築や築浅を好む**のです。

この築浅志向は、単に建物が新しいから気持ちがいい、という心理的な問題だけではありません。住宅性能は日進月歩で発展しています。**新築で使われる設備や建材などの性能は10年、20年前とは比べるべくもありませんし、間取りや内装も、最近の流行をおさえたプランによって建築**されています。つまり、築年数が経過した中古物件より、築浅物件のほうが快適に生活できるのです。

また、新築への入居希望者が多いということは、**竣工後、満室になるまでの期間が短くてすむ**ということです。あたり前ですが、築20年の中古は10年経つと築30年となり、かなりの築古物件となってしまいますが、新築ならば10年経過しても、まだ築10年の築浅ですので、新築は少なくとも10年程度は入居率が高く、さらに空室期間がほとんどないか、短くてすみます。つまり、新築一棟物件は収入も安定するのです。

2、新築物件の安定した支出

●新築物件は支出も安定している

新築のメリットは、当然ですが**中古物件に比べて長持ちしやすい**ことです。新築物件は10年間保有しても築10年にしかなりません。大きな修繕の必要もなく、古くなった設備の入れ替えなども必要ないでしょう。

●10年間は大規模修繕のリスクなし！　品確法で守られる新築物件

新築物件の場合、中古とは違い、建物に「**品確法**」（**住宅の品質確保の促進等に関する法律**）**が適用されるため、10年間はほぼ大規模修繕のリスクがありません**。

「品確法」というのは、住宅の性能に著しい問題や、生活に支障をきたす**重大な欠陥が生じるトラブルが多く発生していた**ことから、住宅に関するトラブルを未然に防ぎ、万一のトラブルの際も消費者保護の立場から紛争を速やかに処理できるよう『住宅品確法』として、平成12年4月から施行されている法律です。その品格法の概要は、次の通りです。

「品確法（住宅の品質確保の促進等に関する法律）」の概要

1、新築住宅の瑕疵担保責任

柱や梁など住宅の構造耐力上主要な部分、雨水の浸入を防止する部分について、10年間の瑕疵担保責任が義務付けられております。新築住宅の売買及び請負契約において、柱や梁など住宅の構造耐力上主要な部分、雨水の浸入を防止する部分以外も含めた瑕疵担保責任が、特約を結べば20年まで延長可能になります。

2、住宅性能表示（平成12年10月より本格的な運用が開始された制度）

新築住宅の性能を測る「ものさし」の基準が定められました。これにより、数社の建物の耐震性などを数値で比較することが可能になり、発注者は、性能とコストを比較しながら性能に合った住宅を発注できるようになりました。

以上が品確法の概要ですが、瑕疵担保責任が義務付けられた結果、10年間は**大規模修繕のリスクがほとんどなくなりました。**賃貸経営を最も圧迫する大規模修繕費の心配が減ることはとても大きなメリットであり、**リスクに敏感な不動産投資家や金融機関にとって非常に魅力的**だと思います。

また、万が一、**建築会社が倒産してしまい、瑕疵担保責任が履行できない場合でも保険金で賄えるよう、**保険の加入が義務付けられています。これらの手厚い保障は、私自身も心強く感じています。更に住宅性能表示により、一定の基準を満たすことで素人でも建物の耐久性などを担保・証明できるようになりました。

それに比べて**中古物件では、いつどのような形で大規模修繕が発生するか、どのような品質のものなのか、ほとんど予測不可能**です。お買い得に思える高利回り物件ほど、実は必要な大規模修繕がなされていないというのは、よくあることです。

しかし、どこかのタイミングでは必ずやらなければいけないので、誰かがそのツケを支払わなければなりません。一見、リフォームしたばかりのきれいな物件に見えても、建物の躯体がどのような状況であるかは、プロであってもすぐにはわかりません。

小規模の修繕に至っては築15年を超えた頃から「必ず」発生するものであり、これらの**潜在的な修繕費は、中古物件の最大のリスク**となっています。それに対して、新築物件ですと、少なくとも10年程度はほとんど小規模修繕すら起こりません。

また、ごく少数派ではありますが、あえて大規模修繕を行わないという投資家も見受けられます。中がボロボロの物件であっても、表層的な修繕で見た目だけを整えて貸し出しているのです。

私は、利回り重視で安全性に欠けるような建物を賃貸したり売却したりするのは、多少なりとも問題があると思います。そもそも不動産投資家は、賃貸経営者です。住居を提供する事業ですから、入居者の安全も守らなくてはなりません。

新築であれば、新耐震基準も満たしていますし、**貸主は最初から自信を持って、安全で快適な賃貸住宅を提供**することができ、売却する際も**住宅性能で品質を証明されたものを売却できます**。また、内装設備やバスルームやキッチンなどの水回りなども保証のついた新品を使用しており、もし故障や設備トラブルが起こった場合にもすぐに対応してもらえるので、中古物件よりも大きなアドバンテージがあるのです。

3、新築物件の明確な出口戦略

新築物件の場合、10年持っていてもまだ耐用年数が残っていますので、**売却時にも次に物件を購入する投資家は長期ローンを組むことができます**。実際に、築10年の物件であれば、次に購入する方は、木造であっても30年の長期ローンを組むことができる金融機関（オリックス銀行など）がいくつか存在します。

しかし、築20年の物件を10年所持すると築30年になってしまいます。その時点で次に購入する投資家のローン組みが難しくなり、売却しづらくなると予想されます。

したがって、新築物件は売却のしやすさという観点からも、中古に比べて非常に有利と言えます。

●50～60年は大規模修繕が不要！　劣化対策等級2級とは？

前述した通り、新築の物件は「品確法」により10年間は保険で守られていますが、弊社の標準仕様では、**劣化対策等級2級、60分準耐火構造（通常は45分）**という一般のアパートより優れた耐久性能で提供しています。そのため、外観もＲＣ造のように建てることもでき、ひと目では鉄骨、木造とは分からない建物にすることも可能です。

劣化対策等級2級とは住宅性能表示のひとつで、この基準に準拠することで**50〜60年は大規模修繕が不要になる性能**だといわれています。弊社の建物は、基本的にこの基準に沿って建築しており、さらに１００万円程度の費用をかければ、**正式に審査機関の検査を受け、適合証明書を取得すること**もできます。これにより建物の耐久性が証明され、木造であっても**銀行からの融資借入期間を30年に延ばすことができる**のです。この適合証明書を取得しておくことで、次に売却する際にも、長期にわたって大規模修繕が不要な耐久性を証明することができるため、有利な条件で売却が可能になります。また、次に購入する投資家も安心ですし、金融機関からも有利な条件で融資を受けることができると考えられます。

結論、建築費は一般のアパートより多少高くなっても、**明確な出口戦略が描け、長期保有するにも安心**な劣化対策等級２級に準拠した物件は、投資物件として非常に価値の高いものだと考えられます。

第6章

97・04％の稼働率を実現！オーナーの手放し経営を実現する最先端の賃貸管理手法とは？

1、賃貸管理とは？

●物件の管理

不動産投資では、**物件を入手したその日から「大家さん」としての仕事**も始まります。本来はサラリーマンだとしても、投資家であり、かつ不動産賃貸業の経営者ということになります。家賃というインカム・ゲインを得るために、長期にわたって不動産賃貸業を営んでいくことになりますが、その賃貸物件を管理するためには、**賃貸経営に関わる入出金の管理、滞納の督促、敷金などの賃料管理、さらに清掃、リフォーム手配、クレーム処理、設備の管理・修理などの物件管理業務、仲介会社との連絡、鍵の管理、原状回復リフォームの手配**などさまざまな業務が生じてきます。

もっとも、オーナー自らが管理業務をすべて行っているケースは少なく、多くの大家さんがこうした煩雑な業務をどこかの**管理会社に委託（管理委託）**しています。

管理委託とひと言でいっても、**客付けと管理の両方を委託、管理のみ委託、管理の一部だけを委**

託、家賃保証付きで管理もすべて委託（**サブリース**）など、委託する管理業務の度合いによって、いくつかの方法があります。

管理費としては、**家賃収入の5%～15%程度を支払う**のが普通です。一概にどの方法が良いということではありません。日中勤務のサラリーマンであれば全面的に管理を委託するしかないでしょうし、オーナーとなった方の性格や趣向による部分もあります。

いずれにしても、管理を委託する場合にはしっかりとした業者を選定する必要がありますが、どの業者が良いかの判別はすぐには分からないものです。特に地場の不動産屋に委託した場合など、実は何もしてくれていないということもしばしばあります。

弊社では、不動産投資家のなかで、優れた管理会社として有名な「**アートアベニュー社**」**と提携し、物件の管理を委託**しています。賃貸不動産の管理に特化し、長年の実績がある会社であり、良心的で信頼できるパートナーです。

アートアベニュー社の管理手法には非常に優れた特徴があり、「**転貸借方式**」「**定期借家契約**」の2つの新しい手法を活用されています。また、**専門のリーシング**（**入居者募集**）**部隊**や**24時間対応コールセンター**なども整備されており、**地場の業者などに比べ、圧倒的に最先端で、手厚い賃貸管理**を実現されています。

おかげさまで弊社の物件も**97%超という高い稼働率を維持**しており、投資家の皆さんは、ほとんど手間がかからない**手放し経営を実現**されています。これらの優れた管理手法について、もう少し詳しく説明します。

■提携管理会社紹介・株式会社アートアベニュー

リアライズ社提携の管理会社「アートアベニュー」とは、どのような会社なのでしょうか？ その管理とリーシングの実態について、賃貸物件の営業担当者、株式会社アートアベニューの企画・開発課係長、神永啓志氏から紹介して頂きます。

●アートアベニュー社のウェブサイト　http://www.artavenue.co.jp/

アートアベニューは創業以来、約20年間にわたって不動産管理に特化した業務を行っており、その特徴として、「**転貸借方式**」と「**定期借家契約**」を活用し、賃貸物件の管理運営を行っています。

２００８年までは地主大家さんを中心とする２０００戸ほどの規模の管理会社でした。近年、管理システムに共感して頂いた個人投資家の皆さんの急増により、２０１５年10月現在で６５００戸の管理を行っています。現在、弊社が管理する物件のオーナーは、地主様5割、個人投資家様4割、法人が1割、という比率で構成されています。近年、ここまでの高い支持を集めている要因は、弊社の管理手法によるところが大きいと考えています。なぜなら、誰

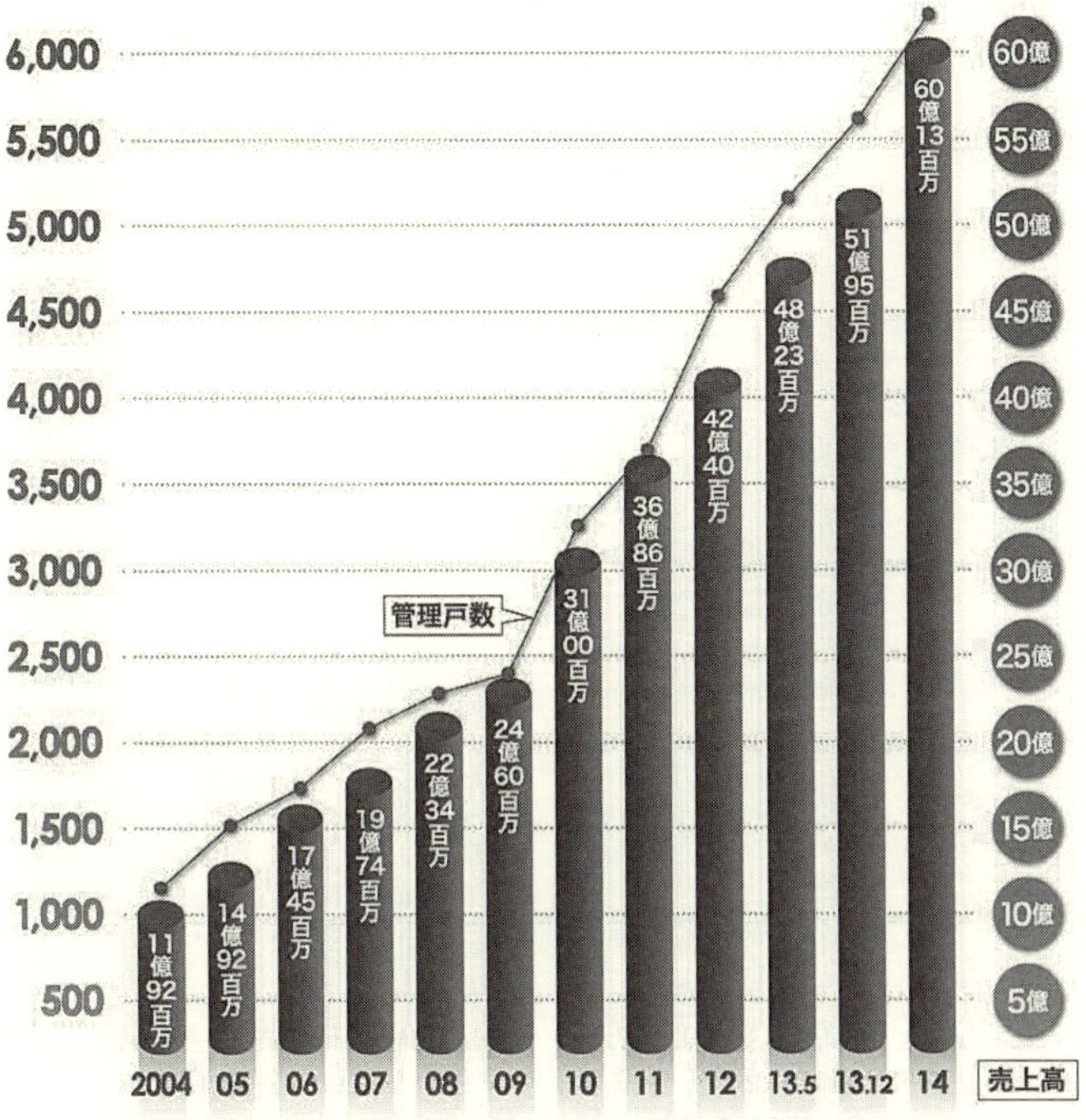

売上高・管理戸数推移　**12月決算**　管理戸数6,240戸（2014.12月末日）
（2012年までは5月決算／2013年（5月）は前年同期間での数値）

よりも「賃貸の現場」を知るものとして、その物件にとって、一番良い「企画」と「運用」を提供し、**「物件からの収益と、資産価値の最大化」**を図っているからです。

現在、弊社では空室保証付きのプランと、滞納保証付きのプランと2通りの管理プランをご提案しています。

2、管理会社が入居者とオーナーのあいだに立つ「転貸借方式」

●「転貸借方式」の活用

アートアベニュー社の管理契約のベースとなる「**転貸借方式**」についてみてみましょう。

一般的な賃貸借契約は、オーナーと入居者が直接契約を結び、管理業務は管理会社が代行します。

一方、転貸借契約では、**管理会社はいったんオーナーから物件を借りて、その物件を入居者へ貸**

します。

入居者から見ると管理会社が貸主になり、オーナーにとっては借主という立場になります。

オーナーと入居者のあいだに立ち、転貸借方式で契約を行うことで、**オーナーは入居者と直接契約を結ぶ必要がなくなります。**

一般的には、サブリース（一括借り上げの家賃保証）契約で転貸借方式が採用されていますが、弊社は**空室保証が付かない管理プランの場合でも転貸借方式を行う**のが特徴です。

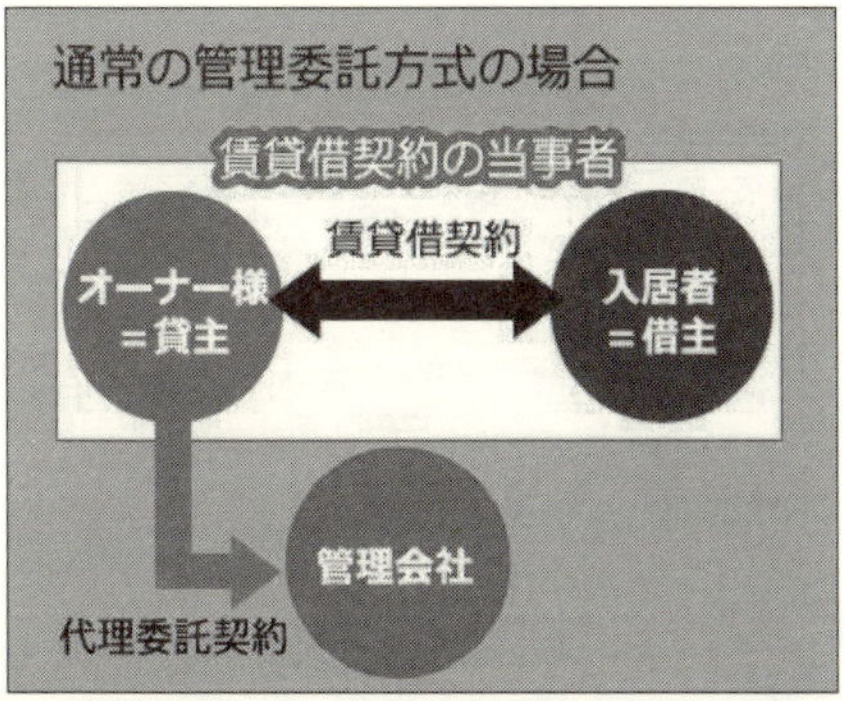

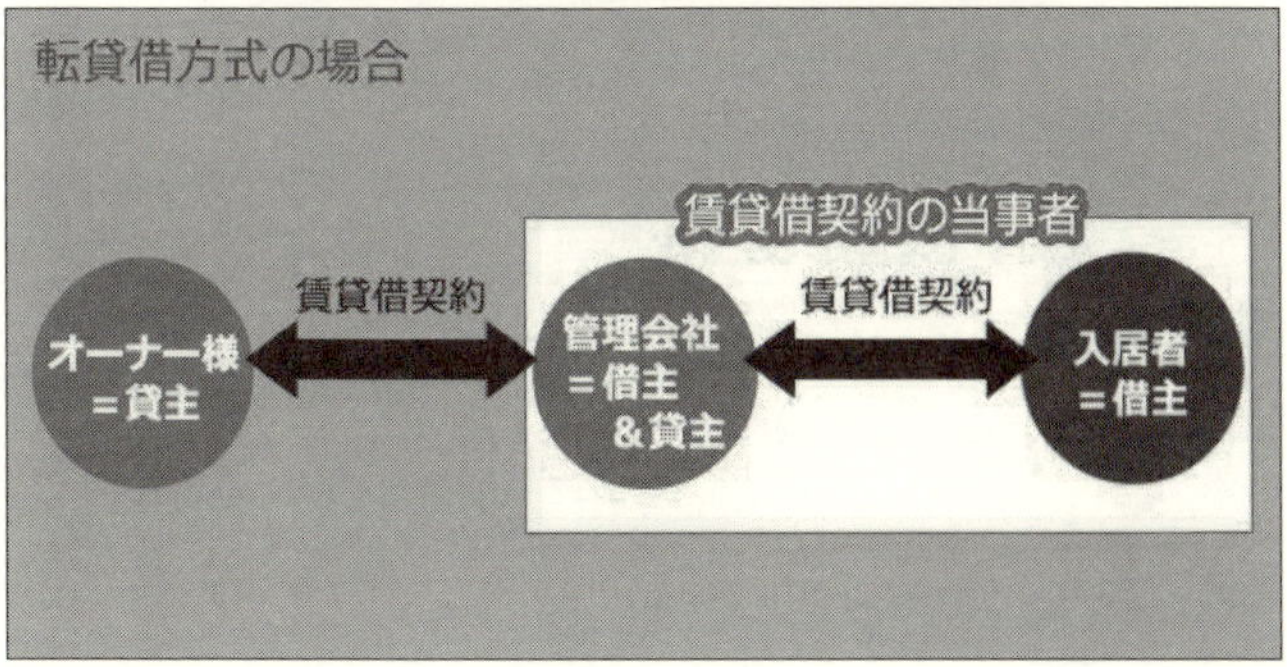

・転貸借方式のメリット

転貸借方式を活用した場合のメリットは、オーナーは入居者に対し貸主ではなく、借り受けた管理会社が貸主となるので、**オーナーは入居者（借主）と直接、業務的なやりとりや契約関係が発生しない**ことにあります。

そのため、オーナーは入居者に事務的な連絡をする必要はなく、クレームを直接受けることがありませんので、手を煩わされることはほとんどなく、**ほぼ手放しの賃貸経営が可能**です。また、入居者と貸主（転貸借の場合には管理会社）のあいだで起きた**契約の紛争に関して、オーナーが巻き込まれることがなくなります**。さまざまな問題や、家賃滞納に関わる裁判も、貸主である管理会社が単独で対応することができるからです。

実際に弊社では、訴訟に関する裁判費用、弁護士費用、明け渡しの訴訟費用も、毎月の管理料から負担させて頂いています。

3、「再契約」できる「定期借家契約」の大きなメリット

●「定期借家契約」での運用

「普通」と「定期」の借家契約の違いは次の通りです。「普通借家契約」とは法定更新が認められている「居住者に有利な契約」であり、**基本的には不良入居者であっても、入居者が居座る限り、退去させるのは非常に難しい契約**です。「定期借家契約」とは「更新のない契約」のことで、**定められた時期が来れば退去して頂くことが可能**です。

更新条項のない定期借家契約は、大きく分けて5つの特徴があります。

- **周りに迷惑をかける入居者の抑制ができる**
- **普通借家契約に比べると、周りに迷惑をかける入居者の排除がしやすい**
- **普通借家契約に比べると、家賃滞納者への対応・排除がしやすい**
- **期間限定の契約を結ぶことができる**
- **期間限定の契約ができるため、建替え時に多額の立ち退き料を請求されることがない**

このようにメリットの多い定期借家契約なのですが、普及が遅れているのには理由があります。まず入居者側からみると、その建物に一定期間しか住み続けられないことに不安を覚えるのです。そのため、一般的な定期借家は選択の候補から外すという人も少なくありません。また、オーナーからみても、定期借家契約を取り入れることで人気がなくなり、賃料が地域の相場よりも安くなってしまうという不満がありました。

この定期借家契約のデメリットをなくすため、弊社では「**再契約型**」**定期借家契約を採用**しています。つまり、一般的な定期借家契約と違い、**入居者と**「**原則、再契約します**」という契約内容にしているのです。

よく「定期借家契約にした場合、賃料が安くなるのではないですか？」という質問を頂くのですが、この契約ならば原則再契約ができるので、**周辺の普通借家契約の物件と同等の賃料で成約**できます。

定期借家契約には、下図の3種類があります。

再契約型が弊社で活用している契約形態です。

原則的に再契約ができるので、普通借家契約に一番近い内容です。

真ん中の**非再契約確定型**は、将来自身でお部屋を使う場合や、売却を検討しているから何年後には退去してほしい、という時に使います。これが、一般的に皆さんがご存知の定期借家契約です。

右の**予定型**は、はっきり決まっていないが将来使用するかもしれない、という時に使う方法です。この場合は契約延長の可能性も含めて契約を行います。

このように、オーナーの都合に合わせて契約を使い分けることができるのです。

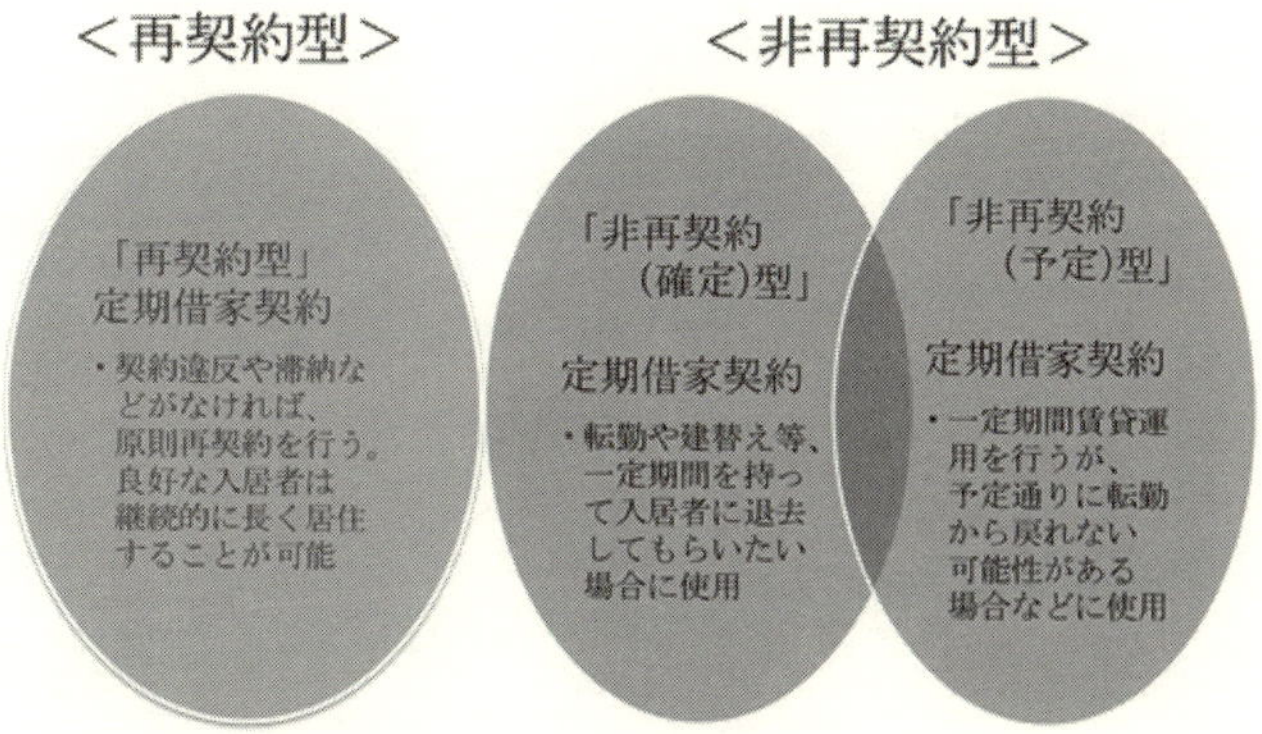
<再契約型>
<非再契約型>
「再契約型」
定期借家契約
・契約違反や滞納などがなければ、原則再契約を行う。良好な入居者は継続的に長く居住することが可能
「非再契約（確定）型」
定期借家契約
・転勤や建替え等、一定期間を持って入居者に退去してもらいたい場合に使用
「非再契約（予定）型」
定期借家契約
・一定期間賃貸運用を行うが、予定通りに転勤から戻れない可能性がある場合などに使用

4、97％を超える高稼働率の秘訣

●リアライズ社プロデュース物件の稼働率について

弊社の管理物件の稼働率は、２０１５年現在、**東京23区内で95・８％**です。23区外は93・４％で、東京都内全体でみると95・２％の稼働率です。

これに対して**神奈川・埼玉県のＲＣを中心とした物件の稼働率は92％台**となっています。

なかでも千葉県に関しては87・１％程度とかなり苦戦していますが、リアライズ社の企画した東京圏の物件においては、**沿線と立地が優れているため、都内以外も含め97・04％という高稼働率を**誇っています。これは、**東京23区内95・８％**と比較しても、高いことが分かります。

さらに、リアライズ社の企画物件の強みとしては

①こだわりの立地条件

②デザイン

③入居者のニーズをもとにした設備仕様

と、**３つの強み**があるといえます。

また、**高稼働率を保つ4大要素**とされている

①場所
②間取り
③駅からの距離
④築年数

の要素を意識した物件なので、通常よりも高稼働になっているのです。

これらの理由から、**都心までのアクセスが悪い駅や、駅までの距離が遠い物件をあえて選ばない限り、最悪でも稼働率が90%を下回る可能性は限りなく低い**と考えられます。つまり、物件を購入する際、最悪の場合の稼働率を90%として仮定し、キャッシュフローがマイナスにならなければ、損をすることは考えにくい状況です。

やはり、不動産はどこに建てるかによって稼働率が左右されるので、これから新築を計画している皆さんには、沿線と立地を十分検討したうえでの判断をお勧めします。

5、「客付けのプロ集団」が持つ独自のノウハウ

●リーシング戦略

弊社は、自社で仲介店舗を持たない方法で客付けを行っています。なぜなら、自社での客付けにこだわるあまり、物件の情報がほかの仲介業者に行き渡らず、さまざまなお客さんの目に触れなくなる可能性があるからです。本来は自社で客付けするよりも、ほかの多くの仲介業者に依頼して客付けしてもらったほうが、たくさんのお客様の目に触れて、入居が早く決まるのです。

不動産仲介業の慣習のひとつなのですが、自社の物件を直接成約すると、お客さん、オーナーさんの両方から手数料が入ります。担当者によっては両方からの手数料が欲しいあまりに、**物件情報を隠して自分のお客さんだけに紹介しようとする**こともあるのです。ニュースにもなりましたが、いわゆる**囲い込み**です。囲い込みは売買物件だけではなく、賃貸物件でも行われているのです。これではなかなか空室が埋まりません。このようなことが起きないように、**自社で仲介店舗を作ってその客付けはしない**のです。

・仲介業者との関係づくり

現在の賃貸市場では、集客力がある大規模仲介業者のインターネットサイトや、ターミナル駅に店舗がある仲介業者にお客さんが多く集まり、**地元業者からの客付けは大幅に減っています**。昔は地元の不動屋さんに任せておけば空室も埋まりましたが、以前よりも物件が増加していることもあり、じっと待っているだけでは空室は埋まりません。

弊社が客付け業務で大切にしていることは、**集客力のある仲介業者と友好的な関係を築きあげることです。多くの仲介業者を定期的に訪問**し、丁寧な電話対応や条件交渉の相談にも柔軟な対応を行うなど、担当者との関係づくりを行っています。

また、仲介業者専用の「アートプロパティ」というサイトを運営し、いつでも最新情報の確認と図面、写真のダウンロードができるなど、仲介業者にとって紹介しやすい環境づくりを意識しています。こうした活動のおかげで、この場所ならこの業者に空室を埋めてもらえる、ということも把握できるのです。

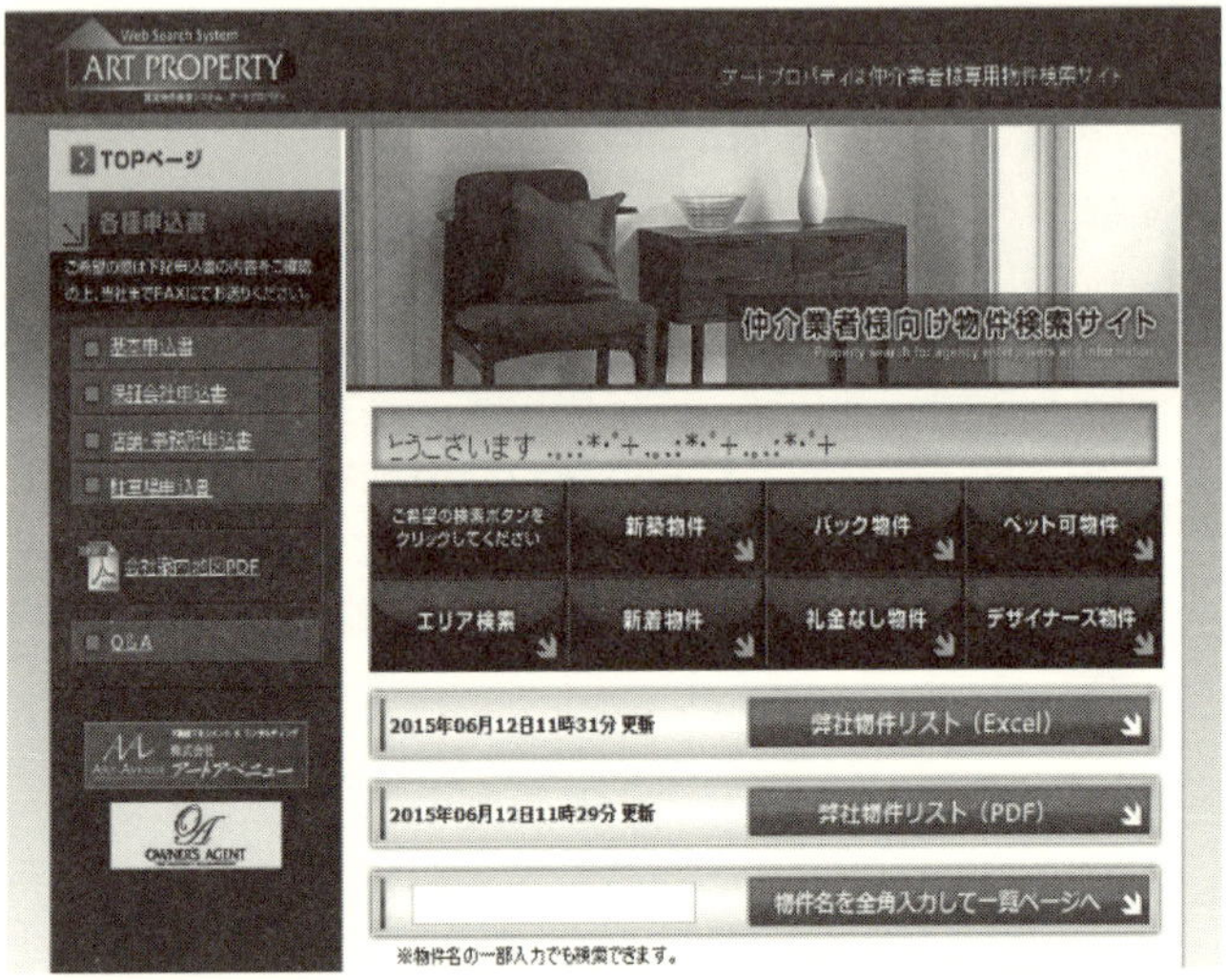

アートプロパティ

このサイトより募集一覧、募集図面、内装外装の写真をダウンロードできる。

毎日更新を行っているので、仲介業者は営業時間外でも最新の情報を手に入れることが可能。

・現地情報を活かした営業戦略

適切な募集活動を行うために、毎週の営業会議で物件ごとのリーシング戦略をたてます。巡回スタッフのレポートから、入居者が決まらないのは建物の問題なのか、募集条件の問題なのかを検証し、対応することで高い稼働率での物件管理を実現しているのです。

6、24時間・365日、安心のサポート

●24時間対応のコールセンター

すべての入居者情報を把握し、管理会社と同等の**幅広いクレームに直接対応することが可能な24時間対応可能なコールセンター**があります。これだけでなく、

・クレーム対応の進捗状況がひと目で確認できる
・対応中の案件もリアルタイムで情報共有できる
・対応履歴が残るため、過去のクレーム内容の把握が簡単
・毎月の対応履歴報告書の送付

というメリットがあります。また、入居者にとっても「24時間コールセンターにつながる」という安心感があると非常に好評です。

第7章

法人設立でキャッシュフローが大幅にＵＰ！
消費税還付と所得税などの節税

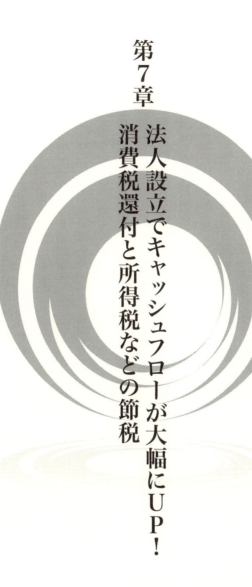

1、不動産は税金との戦い

●税金の落とし穴

サラリーマン大家さんの多くは、個人で融資を受けて物件を購入しています。つまり、サラリーマンとしての年収を担保に融資を受け、「個人事業主」として事業を運営しているわけです。個人事業主になるには、税務署に個人事業主の届けを出すだけで済みますので、とりたてて登記の費用や手続きもありません。

しかし、ここに大きな落とし穴があります。

不動産を個人で保有してしまうと、不動産所得が既存の給与所得に加算されるため、税率がハネ上がり、せっかく得た利益の多くを税金で持っていかれる場合が多いのです。

また所得税だけでなく、収入が増えると連動して上がる税関連支出にも留意すべきです。地方税や国民健康保険料金、お子様のいる家庭では認可保育園の保育料なども収入と連動して増えます。また、高所得者となると教育関連の各種助成や補助金、奨学金などが受けられなかったり、減額されたりします。

不動産投資セミナーや指南本の多くは「不動産投資でいかに多くの家賃収入を得るか」ということに焦点を絞っていますので、勉強熱心な大家さんでも、取得前に税金のことまで考えている人は意外と少ないのです。そのため、**物件を取得してからはじめて税金負担の増加に驚き、「こんなはずではなかった！」と悔やむ大家さんが多い**のです。

不動産投資は、税金との戦いでもある、といわれます。**不動産投資では、会計上の利益にはあまり意味がありません**。会計上いくら利益が出たとしても、納税するとお金が残らないどころかキャッシュフローがマイナスになる場合さえあります。どれだけ節税し、キャッシュフローを残していくかが非常に重要なポイントなのです。

2、法人で購入するメリット

●メリットが多い法人での購入

先に結論から言いますと、弊社では、まず法人を設立し、その法人で物件を取得することをお勧めしています。そのことにより、税金面での優遇を受けて、合法的に所得税などの納税額を最小限に抑える「節税」が可能になるからです。

法人を設立して物件を購入すれば、新築する建物の**消費税8％（将来的には10％）の還付を受けることもできる**ため、竣工後の初年度から大きなキャッシュを得ることができ、さらに利回りを高めることができます。また、法人を設立することでほかにも**さまざまな節税対策**が可能で、個人で物件を保有するよりも多くのキャッシュを残すことが

できます。

不動産投資やアパート経営によって家賃収入を得ている場合、ほかの所得と合わせて課税所得が２０００万円程度を超えると、節税のためにも資産管理の会社（法人）の設立を検討することが望ましいといわれていますが、**超えない場合でも、さまざまな節税が可能**になるため、法人設立したほうが圧倒的に有利です。

具体的には、**所得税（法人税）軽減、消費税還付、経費計上、所得分散、給与所得控除の５つにおいて、節税が可能です**。これらの節税によって、飛躍的にキャッシュフローを増大させることができます。

●所得税（法人税）軽減

まず、個人に対する所得税は、所得金額が大きくなるほ

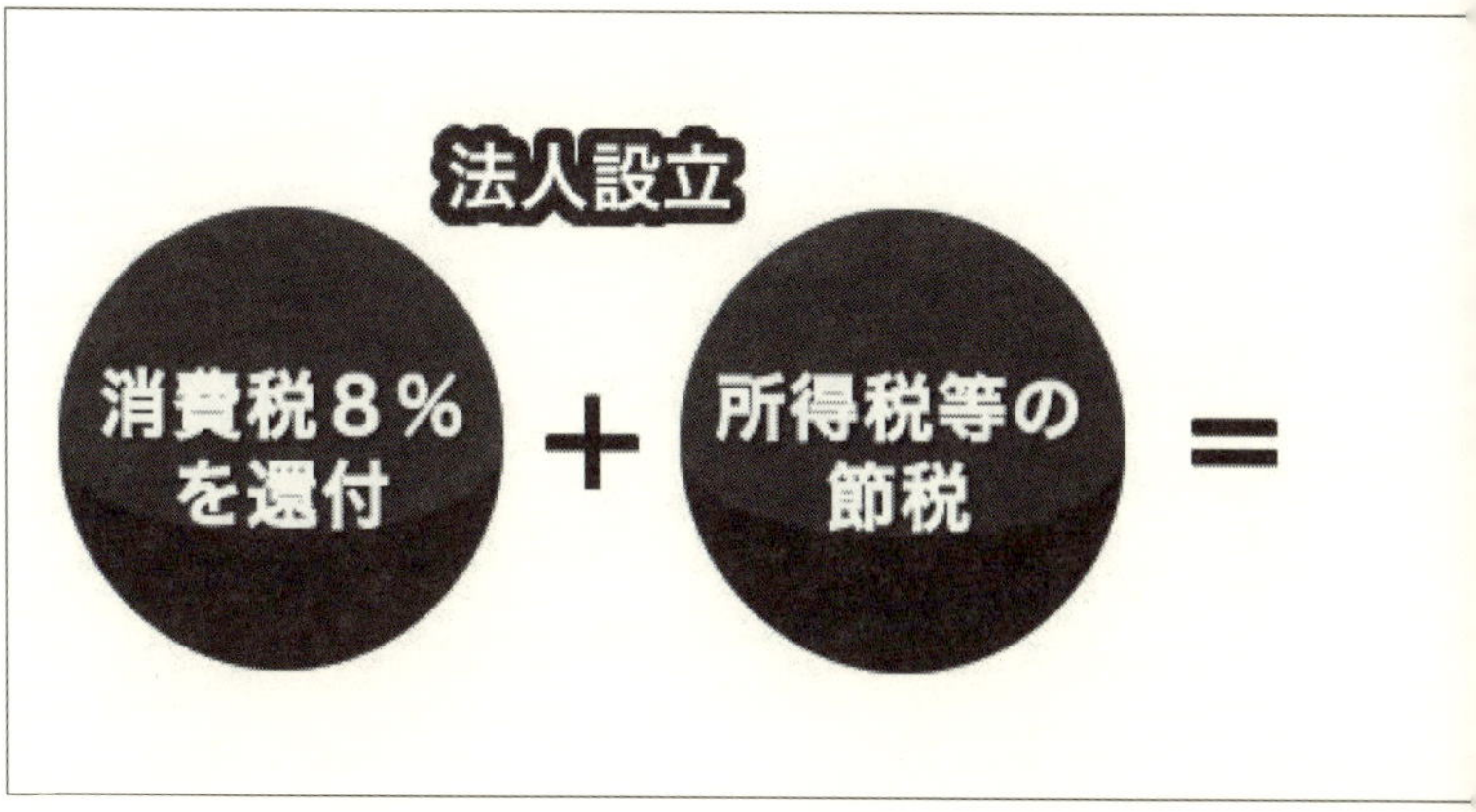

ど税率が高くなる「超過累進税率」が適用されます。また、現在では、給与所得控除や社会保険料控除などを差し引いた**課税所得が１８００万円を超えると、超過部分に最高税率の40%が適用**されます。個人住民税の10%を合わせると50%です。これに事業税を加えると、課税所得の半分以上が税金で消えてしまうことになります。

さらに、その後の税制改正で２０１５年の所得からは、課税所得４０００万円を超えると、超過部分の税率が45%になります。**住民税や事業税を合計すると6割近くが税金**になります。

その一方で法人税は減税の方向で、２０１２年からは基本税率が30%から25・5%に引き下げられました。法人税減税は、政府の成長戦略のひとつにも盛り込まれており、さらにもう一段の減税も検討されているようです。このように「**個人は増税、法人は減税**」という動きが進んでいることから、従来にも増して、法人化の動きに拍車がかかっているといえます。

法人設立のメリット

	個人	法人
税率構造	所得税＋住民税率 33%〜50% 利益が290万円を超えると さらに　＋5%（事業税）	実効税率 年間利益 400万円以下 … 21.5% 年間利益 400〜800万円 … 23% 年間利益 800万円超 … 36%

法人のほうが税率が低い！

●建物の消費税還付

また、不動産という高額な買い物においては、建物にかかる消費税も高額になります。法人で物件を取得した場合、**一定の要件を満たすことで、消費税還付を受ける**ことができます。

建物価格を5000万円（税抜）とすると、家賃収益に加えて竣工後の初年度に400万円ものキャッシュが還付されますので、初年度から大きなキャッシュを得ることができます（この消費税還付には細かい規定があり、税法の改正なども随時行われていますので、ご注意ください）。

●経費計上による節税

法人化のメリットはこうした「税金対策」以外にも数多くあります。個人よりも、法人のほうが必要経費の範囲が広い、というのもメリットのひとつです。

不動産の所得というのは、左の計算式で求められます。

不動産所得 ＝ 不動産収入 － 損金

つまり不動産所得とは、家賃などの不動産収入から、法人税法上の必要経費などの損金を差し引いたものです。

ここで「損金」と認められるのが、法人の場合は法人が行った行為であるのに対して、個人事業の場合は、個人用の経費なのか事業用に用いたのか不明瞭なため、必要経費と認められない場合がよくあります。会社組織にすると、個人と会社が経理上も明確に区分されているため、個人事業では認められない経費も、認められることがあります。

●所得分散、給与所得控除

また、法人化のメリットとしては、所得の分

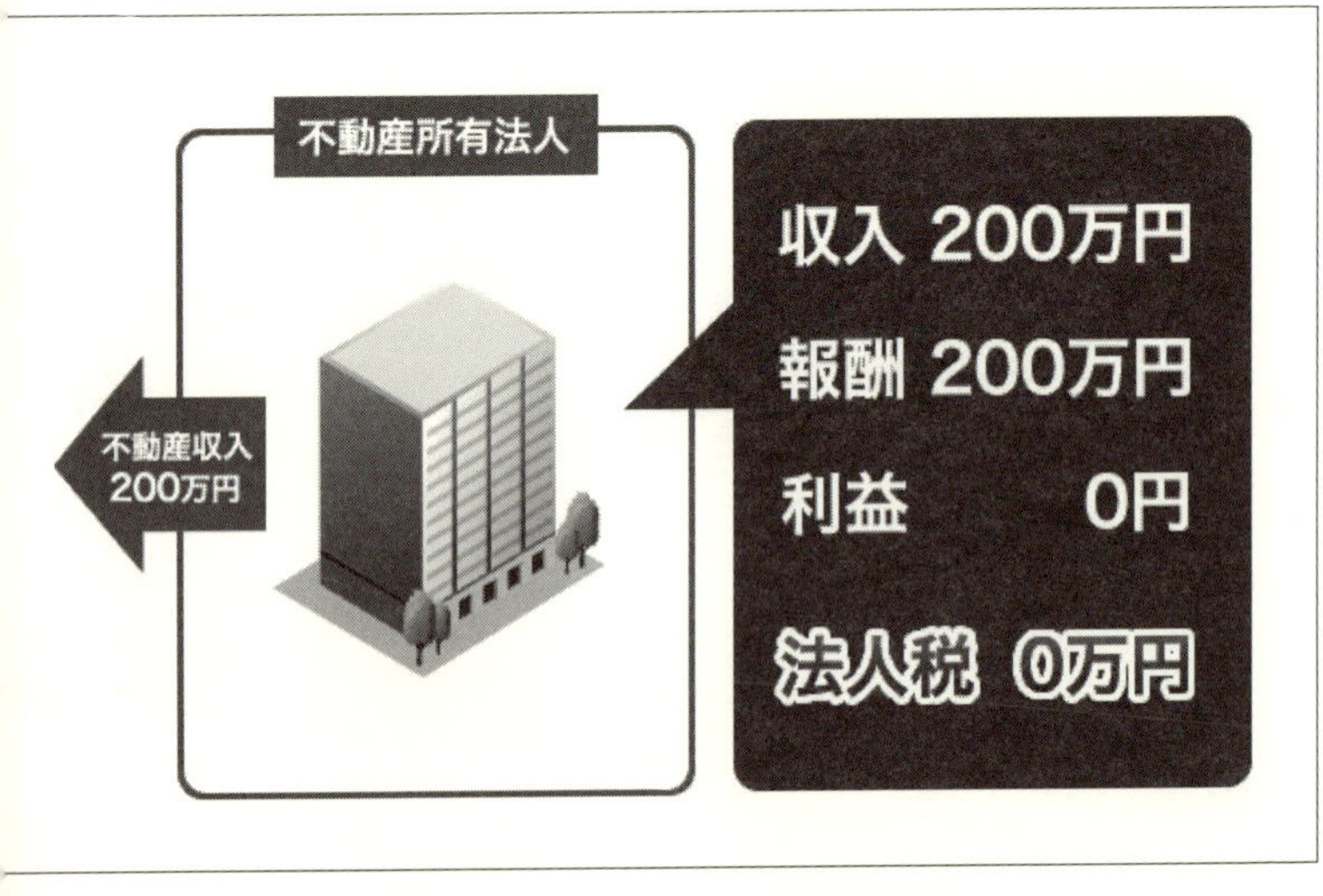

散効果が得られるということがあります。個人事業の場合は、原則として事業主であるあなたにお給料を支払うことはできませんが、法人であれば、**あなた自身に「役員報酬」として給与を支払うことができます**。

さらに、法人化することで、オーナー一人が所得を得るのではなく、**配偶者や子などの親族を法人の役員などにして、報酬を分散させて支払う形にすることによって、所得分散効果が得られる**のです。

たとえば図に示したように、不動産所有法人の収入が200万円として、その収入から母親と息子に100万円ずつ支払ったとすると、会社としての所得は0円ですので、当然法人税も0ということになります。また、母親と息子にほかの収入がなければ、収入が103万円までは非課税となり、所得税も0円ということになります。

結果として、不動産収益には税金がまったくかからないことになります。

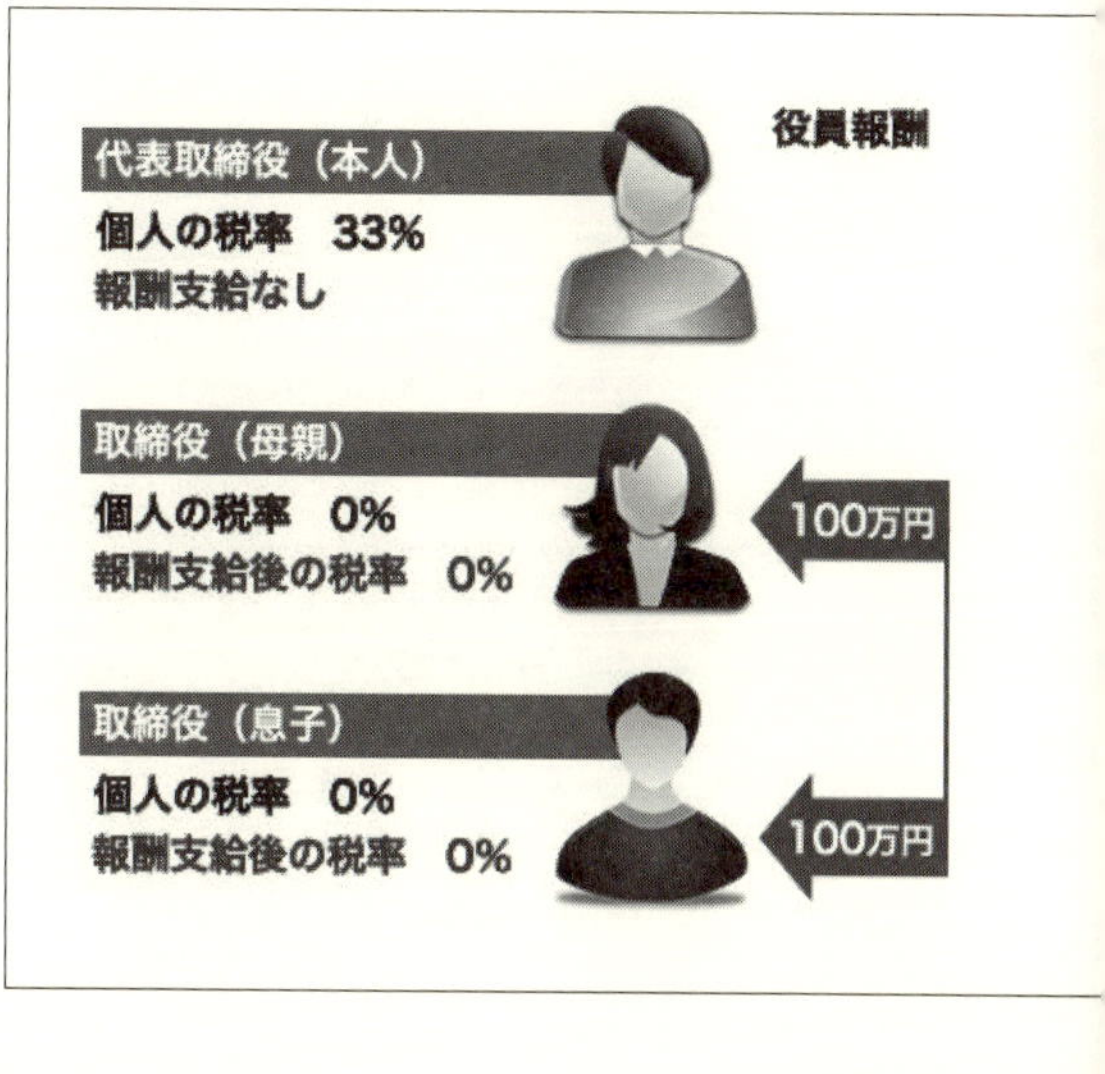

また、一度法人に収入を入れ、そこから給与として支払えば「**給与所得控除**」**を差し引ける**ため、その分節税できることになります。

給与所得控除の考え方

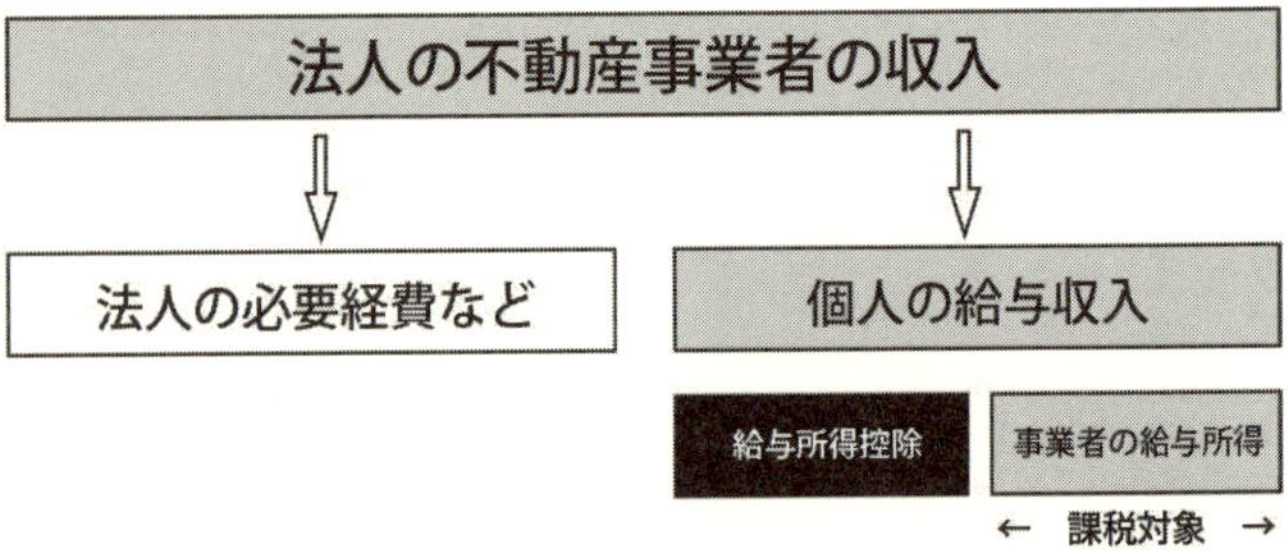

給与所得控除額一覧

給与等の収入金額 （給与所得の源泉徴収票の支払金額）	給与所得控除額
180万円以下	収入金額×40% 65万円に満たない場合には65万円
180万円超　360万円以下	収入金額×30%+18万円
360万円超　660万円以下	収入金額×20%+54万円
660万円超　1,000万円以下	収入金額×10%+120万円
1,000万円超　1,500万円以下	収入金額×5%+170万円
1,500万円超	245万円（上限）

●そのほか、会計処理上のメリット

・繰越欠損金（赤字）について

法人は、損失が発生した場合に、**その損失を繰越できる期間が長いのです**。個人の場合は、3年間しか繰り越せないところ、法人の場合はマイナスを9年間も繰り越すことができます。

・減価償却費の扱い

個人の場合、決められた計算式によって計算した年間の減価償却費は、全額を経費にしなければいけません（強制償却）。一方、法人は任意償却といって、決められた計算式によって計算した年間の減価償却費の範囲内で、経費にする金額を自由に決めることができます。そのため、**利益を減価償却で調整することが可能**です。

・保険料の扱い

個人はいくら高い保険料を払っていても、生命保険料控除の上限金額しか所得から控除できません。しかし法人は、要件に当てはまれば**保険料の一部～全額を控除することができる**ので、保険を使った節税も可能です。

●退職金を積み立てながらの節税

もう一点、法人化することのメリットとして、中小企業向けの共済制度、**「小規模事業共済」**や**「経営セーフティ共済」に加入できる**ということがあります。

「小規模事業共済」は、共済金として毎月1000円〜7万円の範囲で積み立てた金額を、全額経費として計上できます。毎月積み立てた共済金は、法人解散時あるいは法人役員を退職時、**退職金として受け取る**ことができます。支払った退職金は全額会社の「損金」となります。

受け取った退職金は、役員報酬などの所得と違い、**「退職所得控除」という金額の大きな所得控除を差し引くことができる**ので、所得税の税負担を軽減することができます。

このように小規模企業にとっては大変使いやすい「小規模事業共済」ですが、この共済は、個人事業主でも会社員は加入できません。事業主が会社員の場合は、役員である配偶者や他の家族が加入するケースが多いようです。

また、「経営セーフティ共済」は、共済金として毎月5000円〜20万円の範囲で積み立てが可能です（累計800万円まで）こちらも全額経費として計上可能で、一定条件を満たせば共済契約者が払い込んだ掛金の範囲内で事業資金などの貸付けを受けることもできるので、資金繰りの時に役立つ可能性があります。

●対外的信用力のUP

そのほか、一般的な法人化のメリットは、対外的信用力が個人とは違ってくること、会社は商号、住所、目的代表者、資本金、役員などが登記されますので、一般的に個人事業主よりも信用を得られるということがあり、資金調達などを行う場合にも、よりスムースに進めることができるようになります。今後、さらに資金を増やして**新しい不動産投資物件を買い増しする場合や、事業拡大を目指す場合にも、法人化は重要になってくる**とみていいでしょう。

以上が法人設立のメリットとなります。個人でも不動産投資はもちろん可能ですが、７００万〜８００万円の給与がある会社員が新築アパート一棟に投資をして不動産所得を得ることになったら、たちまち、その合計所得は１０００万円を超えることになるでしょう。

つまり、特別な高額所得者ではなく、**ごく一般的な会社員でも、最初から法人化したうえで不動産投資をしたほうが有利**だということになります。

もちろん、法人設立のための資本金や登記手続きなどの初期費用、法人住民税などの支出もあるわけですが、それを考慮しても節税効果のほうが十分大きいということになるはずです。前述したとおり、建物にかかる消費税の還付を受けるだけで、竣工後の初年度から数百万円単位の節税を行うことができるからです。

3、法人で投資物件規模を拡大する

●法人で投資物件を増やすコツ

不動産投資を始めるにあたって、「1棟だけでいい」と考える人は少ないのではないでしょうか。できれば1棟目の成功から、2棟目、3棟目と進めて、利益をより手厚いものにしたいものです。そういう意味では1棟目の購入は、不動産投資のゴールでなくスタートです。一番有利な形でスタートを切り、今後へつなげていくことが重要です。

土地から探す「新築一棟投資法」の場合、**法人での購入が借入に不利になるということは、ほと**

んどありません。むしろ買い増しをしていくにあたっては、非常に有利に働きます。

個人では恐らく1棟くらいしか買えないような属性の方でも、法人を設立し、計画的に買い進めることで3棟、4棟と買い増しできる場合も多いのです（ただし、法人を設立したうえで、物件を購入させてくれる金融機関は限定されます。個人にしか融資しないという金融機関も多いのです。これらの情報は金融機関の融資状況に詳しいコンサルタントや不動産業者に確認してもいいでしょう。弊社のコンサルタントは金融機関の融資状況に精通しておりますので、ご面談のうえ、ご相談も可能です）。

金融機関が融資するにあたっては、審査時点の資産背景と収益状況がカギとなります。法人を設立することにより、節税がうまくいけば収益状況もよくなり、キャッシュフローを増やすことで資産背景も良くなります。**収益状況が良く、沢山のキャッシュを持っていることは、審査上、非常に有利になるので買い増しの速度もあがります。**

いくら目先の利回りが高くても、手元にキャッシュが残らないやり方では、長期間運営を続けていくことは困難になり、最悪の場合、破綻してしまうことにもなりかねません。

これまで説明してきましたように、私がお勧めしている東京圏限定、土地探しから始める「新築一棟投資法」を実践すれば、**10年後のキャピタル・ゲインを待つことなく、家賃収入というインカ**

ム・ゲインを利用して、2棟目の投資に踏み出すことが容易になります。さらに法人化をはかってその節税ができれば、その税金分を投資原資に組み込むことができ、さらに効率的に事業を拡大することが可能になります。

第8章 リアライズアセットマネジメント社とは?

1、「不労所得」と「新しい仕組み」を徹底研究して事業化

ここまで土地から探す「新築一棟投資法」についてご説明させていただきました。本章では、㈱リアライズアセットマネジメントを立ち上げるまでの私の軌跡・経歴から、弊社の投資戦略についてご紹介させていただきます。

不動産投資は巨額の資金を動かす一大事業。一生を左右しかねない決断といっても過言ではありません。本書中でも、「信頼できるパートナーと組むことが大切」であると申し上げてきましたが、信頼できる相手か否かの判断には、情報収集が欠かせません。

是非、代表である私とリアライズアセットマネジメント社の略歴や理念を知っていただいたうえで、ご判断いただければと思います。

●私の履歴——子供時代、学生時代

私は大阪の下町で男兄弟3人の末っ子として生まれました。

父親は商売人の祖父母の跡取りとして育てられ、会社の跡を継ぐべく祖父母の会社で働いていたのですが、私が6歳くらいの時、オイルショックの連鎖で会社が倒産してしまいました。その後の数ヵ月間は、債権者から逃れるためにあちこちに夜逃げを繰り返していたそうですが、事情の分からなかった幼い私にとっては、なぜか旅行のような楽しい思い出としておぼろげに記憶しています。

その後、父親は家族を養うために何度か職を変えながら働き、母親は私塾を営んでいました。共働きではあってもそんなに裕福な家庭ではなかったと思います。恐らく家計はぎりぎりだったでしょう。しかし、そんな中でも、私たち兄弟は中・高ともに私学の進学校に通わせてもらいました。おかげで、何とか国立の神戸大学に入学することができました。苦しい生活にもかかわらず、私たち兄弟に人並み以上の教育を受けさせてくれた両親には、感謝の気持ちでいっぱいです。

大学では情報知能工学科に入り、ITや人工知能を学びました。ただ、入学当初はどうもコンピュータに馴染めず、ブラブラと遊んでばかりいました。大学4年になり、自分はITには向かないので文系就職をしようとしていた矢先、父親がIT系の企業に総務として転職しました。そこで、「アルバイトとしてプログラミングをしてみないか?」と声をかけられたのです。

このささいな出来事が大きな転機となりました。私自身はプログラミングが苦手だったので、同じ学科の賢くまじめな学生を集めて開発仕様を伝え、バイト料を払って、開発の仕事を始めたのでした。

ありがたいことに、当時の私の周りの友人は本当に優秀で、これが学生ではあり得ないほどの高収入になりました。「これは面白いなあ」と思った私は、そのまま卒業するのをやめて、急遽大学院に進学することにしました。大学院では研究と仕事、そして遊びと、充実した生活を送っていました。

私が大学院を卒業しようとしていた時期は、インターネットが急激に普及し始めた時期と重なっていました。まさにＩＴバブルが到来したのです。

現在の米検索大手のグーグルの創業者でＣＥＯのラリー・ペイジは１９７３年生まれ。私の１歳年上のほぼ同世代です。そんな世界的ＩＴベンチャーが続々と誕生している時代でした。

アメリカでは優秀な学生は、就職せずに自分で会社を作る。そして成功すれば大金持ち。そんな格好の良さと憧れがありました。

大学でもブームに乗って、先端を行く教授は学生ベンチャーを奨励していましたが、ビジネスとしては話にならないものだったり、いざとなると教授に大反対されたりして、実際にベンチャーを立ち上げる人はいませんでした。

私は幸い、すでにある程度の実務経験を積んでいたため、卒業するころにはそれなりに収入源もできていました。そこで、先に卒業して、いわゆる一流企業に勤めていた昔の同級生を説得して、

5名ほどでITベンチャー企業を立ち上げました。

その頃は、インターネットを使った新しいビジネスモデルの会社がどんどん立ち上がっていった時代でした。苦しみながらも何とか初年度から黒字を達成したことをきっかけに、右往左往しつつも、事業は急拡大していきました。


しかし、今思うとそれが間違いでした。きっちりと利益率を確保しながら拡大できるビジネスモデルでもないのに、調子に乗ってどんどんと拡大していったのです。

そこからの7～8年は本当に大変でした。何億円という資金を集め、社員もピーク時には70名ほどになっていましたが、ベンチャー企業の宿命で、とにかくIPO（新規株式公開）を目指して拡大していくことを求められました。

振り返ってみると、この10年間は、ずっと荒波の中を必死にもがきながら進んでいたような印象です。いつも何かに追われているような気がしていました。そして、こんな生活をいつまで続ければいいのか、まったく先が見えない日々でした。

特にシステム開発の仕事は大変で、トラブルになると徹夜が続き、何ヵ月もまともに家に帰れず、寝ることもできない。そんな地獄のような生活を何年も続けているうちに、とうとう倒れてしまったのでした。

２週間ほど休養したのですが、その後も体調はすぐれず、「このままでは、とても仕事を続けられないな」と思い始めました。それまでは、とにかく必死に働いて、会社を大きくするという生き方が正しいと信じていたのですが、倒れたことが自分の価値観を大きく見直すきっかけになりました。

●不労所得ビジネスのへの想い

今後も生活のために、一生働き続けなければならないという現実に、自分の体力にも気力にも限界を感じた私は、その会社をほとんど売却益もでないような金額で売ることを決意しました。吸収合併という形だったので、3年間は合併先でお世話になりつつ、今後どうするかを真剣に考えました。

今までは、「とにかく一生懸命働いて、社会に貢献することが美徳」と自分に言い聞かせながらやってきましたが、一度崩した体調もなかなか元に戻らず、**サラリーマンとして一生働き続けるという将来には、希望が持てない**ような気がしてきていました。精神的にも経済的にも苦しいこんな生活ではなく、もっとラクをしながら人生を楽しんでもいいのではないか？　という気持ちが大きくなってきたのでした。

その時初めて、**本気で「不労所得」というものについて研究を始めました。**合併先で3年間働くと決まっていた私は、その間に、何とか不労所得を得る仕組みを作りたかったのです。

最初にインパクトを受けた本は『結局「仕組み」を作った人が勝っている』『やっぱり「仕組み」を作った人が勝っている』（荒濱一、高橋学著／光文社）という本です。当時、よく売れていたようで、書店で平積みになっているものをたまたま手にとりました。その中にはいくつかの不労所得を得られるようになった成功事例が記載されていましたが、ビジネスの発想としても本当に参考になりました。

がむしゃらに一生懸命働くということは、ともすれば収益性や効率を非常に低くしてしまう発想です。労働時間と提供するサービスの価値は完全に連動はしないのです。手間をかけずに収益を得るというのは、非常に重要な発想だと思います。

他にも色々なビジネスモデルを研究しましたが、やはり**一番手堅く、成功者が多くて再現性がありそうに感じたのは不動産投資**でした。しかし、不動産投資といってもいくつものやり方があって、どの方法が一番良いのかが、なかなかわかりません。膨大な量の本を読んだり、情報収集したり、実際の投資を行うまでしばらく研究を続けていましたが、自分に合った投資法というのが絞り切れずにいました。自分一人ではなく家族を抱える私にとって、失敗は許されなかったのです。

2、賃貸併用住宅との出会いと起業

●「住宅ローンで不動産投資」というスキームとの出会い

そんな時、衝撃的な雑誌の記事に出会いました。『プレジデント』（プレジデント社）という雑誌に、日本ファイナンシャルアカデミー代表の泉正人さんが掲載していた「タダで自宅を手に入れる裏ワザ」という記事で、自宅半分、**賃貸半分なら住宅ローンを使って不動産投資物件を購入でき、ローン返済額以上の家賃収入を得ることができる**と書いてありました。

その記事を読んだ瞬間、「これは凄い‼　**超低金利の住宅ローン**を使って、そんなことができるのか！」と、衝撃を受けました。

当時は「賃貸併用住宅」という言葉も広まっておらず、体験事例を探すのも難しい状況でしたが、色々とシミュレーションした結果、一番リターンが大きく、リスクも低い投資方法だと確信した私は、手探りで土地探しを始めたのでした。

●自ら実践！　『賃貸併用住宅』で自宅を建ててみる

土地探しを始めてから数ヵ月、その時住んでいたマンションより更に駅に近い場所に、手ごろな土地が出ました。

当初は不動産投資自体が初めてだったので、本当に入居者が入るのかどうかやはり心配でした。ただ、シミュレーションしてみると、最悪、家賃が半分になったところで当時住んでいた自宅（賃貸）の家賃を支払い続けるより大幅にコストダウンできることが分かり、購入に踏み切りました。

今考えると、このあたりは非常に運命的なのですが、その時たまたま土地を紹介してくれたその不動産会社の社員たちが、現在の私の会社の屋台骨となってくれています。

土地の購入が決まり、手探りで設計を進め、ようやく建物が完成しました。周辺環境も、立地も申し分なく、住み心地は素晴らしく良好です。何より、駅からも近くてとても便利です。**入居を心配していた賃貸部分もすぐに満室になり、新築から約6年が経過した今でも、退去する気配もありません。**

私の自宅は3階建てで、1階に賃貸を2部屋作っているだけなのですが、それでも住宅ローン減税をあわせれば、ほとんど持ち出しはありません。

人間は生きている以上、どこかに住まなくてはなりません。家賃であれローンであれ、住居費はかならず負うべきコストで、その負担に耐えるのが義務だとすら信じ込んでいましたが、**その重責から解放された時の安堵感は、言葉にできないほど**でした。

●不動産業界への転身、外からみた業界

このように、自ら「賃貸併用による不動産投資」を実践してその効果を実感した私は、友人や知人にもこの方法を紹介しましたが、当時は「家を買って逆にお金を貰えるなんて話がうますぎる」と逆に疑われたくらいです。どう考えても、この方法はやらなければ損なのに不思議なほど知られていなかったのです。これは必ずビジネスになると確信しました。そして当時保有していたプライベートカンパニーを社名変更し、株式会社リアライズアセットマネジメントとして本事業をスタートしたのです。

おかげさまで、この賃貸併用住宅のコンサルタントは大変なご好評をいただき、当社は急成長を遂げる事ができました。

なお、この「賃貸併用住宅」での不動産投資法は、私の前著である**『賃貸併用住宅のススメ　不動産投資は住宅ローンを使え！』**（クラブハウス）に詳しく説明しております。ぜひご一読いただけましたら幸いです。

3、土地から探す「新築一棟投資法」との出会い

●土地から探す「新築一棟投資法」

この賃貸併用住宅業務が成長するにつれ、**多くのお客様が順番待ちをされるという状況**になりました。当時も今も、東京圏好立地の、賃貸にも向く土地というのは、そう簡単に見つかるものではありません。しかし、コンスタントに良い土地情報をご提供できなければ、お客様はいつまでたっても家を建てることができず、当社も事業が成り立ちません。

日々必死に地場の不動産屋に泥臭い営業を重ねて土地情報を集めていく中で、**他社には真似のできないレベルの土地情報の収集網を築く**ことができました。そして、その膨大な土地情報の中に、新築一棟を建てても十分に収支の合う土地がごく稀に紛れていることに気付いたのです。

当社のお客様の多くは、賃貸併用住宅を「不動産投資」として始められた方です。いい投資物件があったら紹介してほしい、というご依頼も多く頂いていたので、まずはそのお客様にそれらの土地をご紹介し、一緒に何棟かを建築したところ、想定通り、あるいはそれ以上の高利回り物件を作りあげることができました。

おかげさまでお客様にも大変ご満足いただき、このパターンで2棟、3棟と増やしていきたいというご要望が多くなりました。

また、新規のお客様にも「**高利回りの新築一棟物件をこの融資条件で買えるのなら、そちらを先に買って効率的に資産を増やしたい**」という方が多く、現在は新築一棟と賃貸併用の着工数は逆転している状況となっています。

●リアライズアセットマネジメント社の強みとは

現在、私たちリアライズアセットマネジメント社では、**定期的に不動産投資のためのセミナーや、物件見学ツアーなどを開催**しております。また、ホームページでもさまざまな投資相談にお応えしていますが、しばしば「**御社の役割は何ですか？**」と聞かれることがあります。

これまでにも申し上げてきましたが、土地から探す「新築一棟投資法」は、東京圏においては中古に比べて利回りも高く、融資条件や立地も良いことから、今の時流にあった投資法といえます。しかしメリットだけでなくいくつかのデメリットも存在します。それを乗り越えるためには、広範囲の知識・経験・土地業者とのパイプが必要となります。これは、一般の投資家や業者が一朝一夕にできることではありません。

弊社の役割は、豊富な経験と専門の知識を持ったスタッフがお客様の手間とリスクを回避できるよう、最初から最後まで手厚くサポートさせて頂くことです。

具体的には、土地探し、プラン作成、建築の進捗管理、金融機関・管理会社・会計事務所などのご紹介など、初めて不動産投資にチャレンジする方でも、安心して投資に取り組めるようサポートを行います。

そして、弊社の強みは、土地から探す新築投資法に特化し、それに必要な専門の知識を持ったスタッフがチームとして揃っていることです。

・投資戦略の立案、融資付け
・土地探し
・プラン作成、建築会社の管理
・不動産管理・入居者募集（外部管理会社）
・税務処理（外部会計事務所）

弊社では、それぞれのセクションが高度な知識とノウハウを保有することで総合的なサポートを行い、お客様の安全な取引と高い収益性を実現しています。

弊社の強み

・長年培ってきた、売地に特化した情報収集網

・一級建築士2名による商品開発、素早いプラン作成

・投資全般にわたる知識、経験、コンサルティング能力

・銀行、建築会社、会計士、管理会社等、
新築投資に必要な関係企業との強固なパイプ

4、リアライズアセットマネジメント社の理念と事業戦略

●事業戦略

ここで、㈱リアライズアセットマネジメントの事業戦略についてお話させて頂きます。弊社は会社理念、経営方針、営業方針を次のように定めています。

【会社理念】
独自のノウハウにより不動産の価値を最大限に高め、すべてのステークホルダーの幸福・発展に貢献します。

【営業方針】
買ってリスクの高い不動産は提供しない。
押し売りや強引な営業は絶対にしない。
常にお客様の幸せを願い、できうる限りの誠意をもって対応する。

私は自身の不動産の購入をきっかけに人生を大きく好転させることができました。また、これまで多数の不動産をお客様にご提供させて頂きましたが、ほとんどのお客様の人生も好転されたのではないかと感じております。

しかしながら不動産はやはり大きな買い物です。人を幸福にもしますが、不幸にもします。そういう意味で、私どもの会社の使命は、「人を幸せにする不動産を提供する」それにつきます。自身の利益だけを考えて、お客様が不幸になるようなものは絶対に提供してはならないと社員一同、肝に銘じています。

また営業方針は、自分が新しく事業を立ち上げるにあたって大事であると考えていた、次の３つの項目からきています。まさに本ビジネスはその３つの項目を満たしており、この事業で起業する際の大きな判断材料でした。

・サービスの価値

まずは最も重要なことですが、**提供するサービスに高い価値がなければ意味がありません**。価値が高ければ、その分、お客様はお金を支払ってでも購入してくださいますし、買ったお客様も幸せになって頂けます。私は自身の経験を通じて、賃貸併用住宅や土地から探す「新築一棟投資法」という商品に大きな価値を実感しています。その自分で感じた大きな価値を皆様にもご提供させて頂くというのが、弊社の最も基本となる事業方針です。また**土地探しから始める「賃貸併用住宅」、「新築一棟投資法」に特化するという戦略をとることにより、他社の追随を許さない土地の情報力と、差別化された高い価値**をお客様にご提供できると考えています。

・参入障壁の高さ

価値と需要の高いサービスを提供することができれば、次に出てくるのは競合他社の問題です。いくら売れる商品やアイデアを思いついても、参入障壁が低ければ、すぐに真似をされて競合他社が参入し、消耗戦が始まります。

その点、土地探しから始める「賃貸併用住宅」、「新築一棟投資法」というビジネスは、非常に参入障壁が高いのです。本ビジネスは不動産と建築の両方の深い知識とノウハウが必要なうえ、**一件当たりにかなり手間のかかる仕事なので、普通の不動産業者はやりたがりません。また、土地情報の収集は長年に渡っての泥臭い営業と信用がなければ、簡単に集めることができません。**

そういう意味で本ビジネスは参入障壁が高く、今はほぼ、当社がオンリーワンでビジネスを提供できています（手間がかかる分、利益を出すことは難しいですが……）。

・ニッチ市場

とはいえ、あまりに大きな市場があると、参入障壁を乗り越えて、大きな投資をして大手企業が乗り込んできます。

しかし本ビジネスはそれほど大きな市場ではありません。千億円単位のビジネスにはなりにくく、**大手企業にとっては参入価値が少ない**のです。

また私は、不動産業は情報産業だと思っています。売りたい物件の情報を買いたい人に届ける。端的に言えばそこに集約されます。

弊社は、コンサルティングが主な業務ですが、実は半分はＩＴ企業なのです。なぜかというと、集客はほぼ１００％インターネットに頼っているからです。

そのノウハウの詳細は公開できませんが、地元密着ビジネスとは違い、恐らくインターネットでの集客が得意な会社でなければ、本ビジネスは難しいと思われます。今まで数社が参入してきましたが、採算をとるのが難しく、ほとんど撤退してしまいました。

幸い、**ＩＴ業界出身の私とって、これは有利なポイント**であり、これまでの経歴が最大限活かされたビジネスであると考えています。

今後は情報化社会になるにつれ、不動産業界も構造改革が進むと思われます。今は売り手側、買い手側の双方に仲介業者が介在し、売買が成り立っています。不動産業者はある意味で保護されており、物件情報は「ＲＥＩＮＳ」という不動産業者が登録、閲覧可能なデータベースを通して流通していますが、今後は、そのような仕組みも一般公開され、業者を飛ばして直接取引できるようになるでしょう。

多くの不動産業者が存在しますが、いずれ売り手と買い手が直接取引するような時代になれば生存競争は激しくなります。ユーザーにとっては便利になりますが、業者は大変です。そう考えれば、ＩＴ産業としての不動産業は今後さらに発展していきますが、町の不動産屋さんのような業態は衰退していかざるを得ないでしょう。その点を見据えて、今後のビジネス展開を図っていきたいと考えております。

第9章

東京圏限定
土地から探す「新築一棟投資法」実例紹介

●リアライズ社の建物の特長と優位性

弊社の企画する建物は、次のような特長があります。

・劣化対策等級2級に準拠

50~60年は大規模な改修工事が不要とされる基準のため、建物の価値を維持でき、適合証明書を取得することで、借入期間30年で融資を受けることが可能です。

・60分準耐火構造

一般的なアパートが45分準耐火構造であるのに比べ、弊社の建物は60分準耐火構造となっています。

・家賃収入を最大にする間取りと設備

一級建築士によるプラン作成により、高い利回りを可能にします。さらに、入居者層に人気の設備を入れることで高い稼働率を実現します。

・スタイリッシュなデザイン

洗練されたデザインにすることで、建物周辺の賃貸物件に競り勝つ競争力を高めます。

●新築不動産物件の実例

実際に弊社がコンサルティングした土地から探す「新築一棟投資法」の実例物件をご紹介します。

事例1　カルガモと桜の散歩道　東急東横線・東急目黒線「元住吉駅」徒歩10分以内
神奈川県川崎市中原区

白と黒で色分けされた外壁は、アーティスティックで洗練された印象を与えます。部屋部分は全室バス・トイレ別、独立洗面台付きのお部屋で、部屋によっては写真のような収納十分の折りたたみ式洗面台を採用。すっきりと住みよいつくりとなっています。内装も外壁と同じく白と黒で統一し、単身者層の心をくすぐるモダンな雰囲気で入居者にアピールします。周辺相場より高い家賃で入居も決まり、現在満室です。

元住吉駅は、再開発のすすむ武蔵小杉のとなり駅です。東急東横線、東急目黒線と2路線利用でき、都心や横浜へのアクセスは抜群。渋川沿いは「住吉桜」と呼ばれるソメイヨシノが有名で、春になると神奈川県で最も古い用水路である「二ヶ領用水（渋川）」に住むカルガモと、咲きほこる見事な桜が日々の癒やしを与えてくれます。

外　観

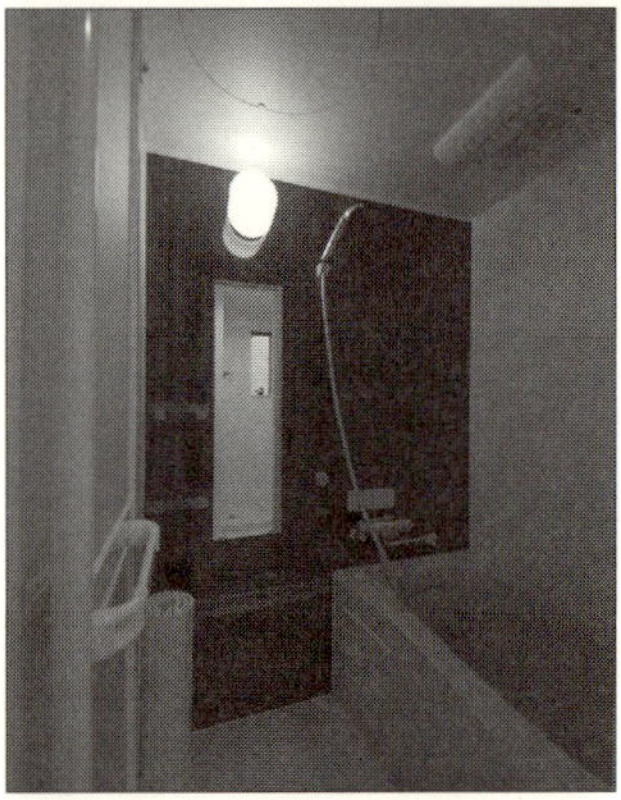

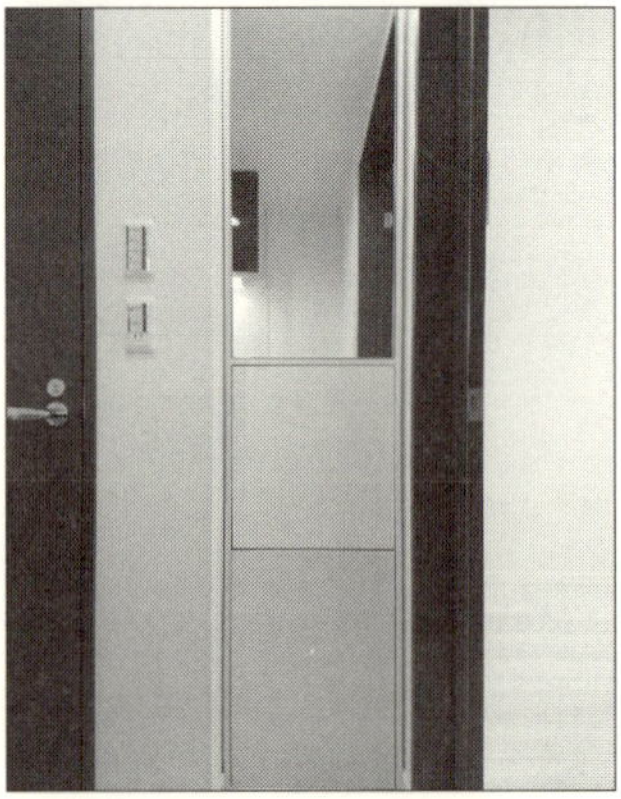

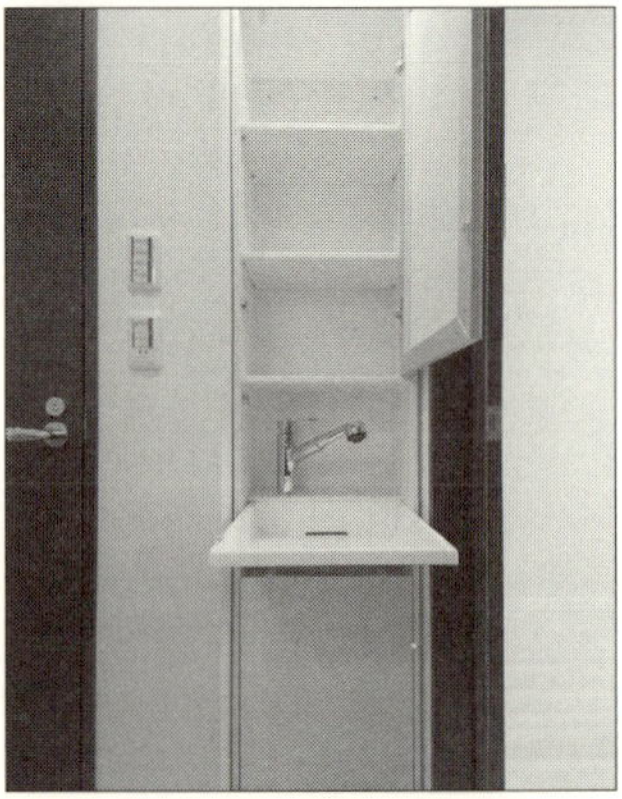

内 観

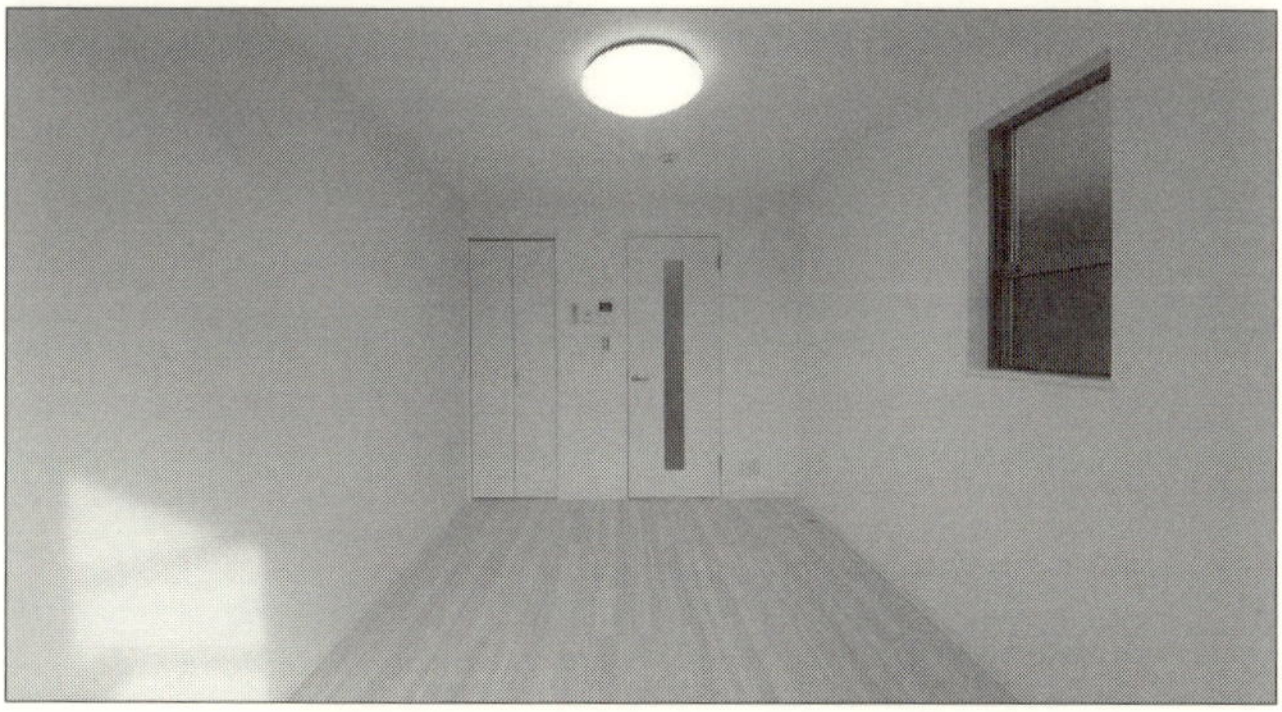

事例2

大江戸線開通から発展を続ける「練馬春日町駅」徒歩10分以内
東京都練馬区

タイル調の外壁で、見栄えはRC造の分譲マンションといってもいいくらいの高級感があります。部屋部分は全室南向きで明るく、さらに独立洗面台付きのプランが実現。モニター付きインターホンとウォシュレットもついた充実装備です。建具を濃い色調に統一することで、モダンな雰囲気が生まれ、入居者の心をグッとつかむ仕上がりに。人気が高く、竣工前に満室になりました。

新宿から直通で約20分、都心へのアクセスも良好な練馬春日町駅近辺は、大江戸線開通から発展を続けている、非常に新しい街です。

外 観

内　観

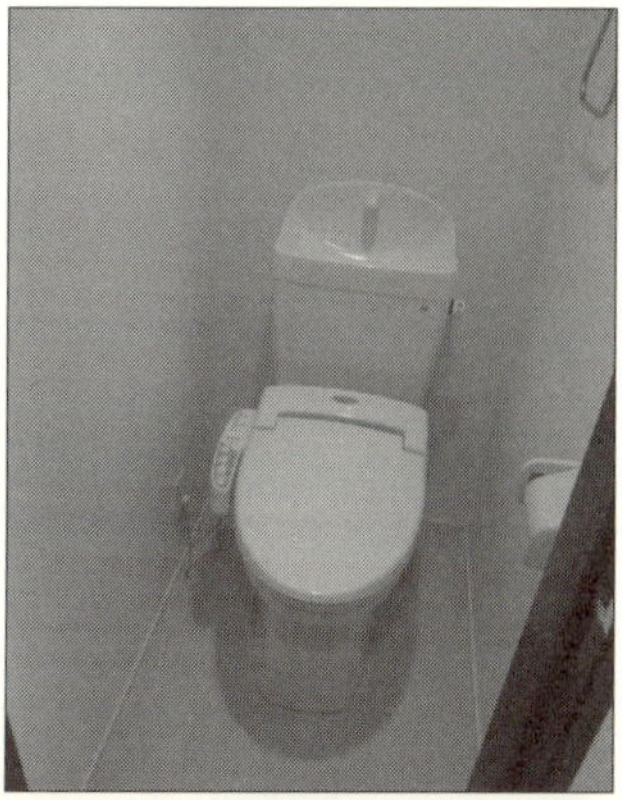

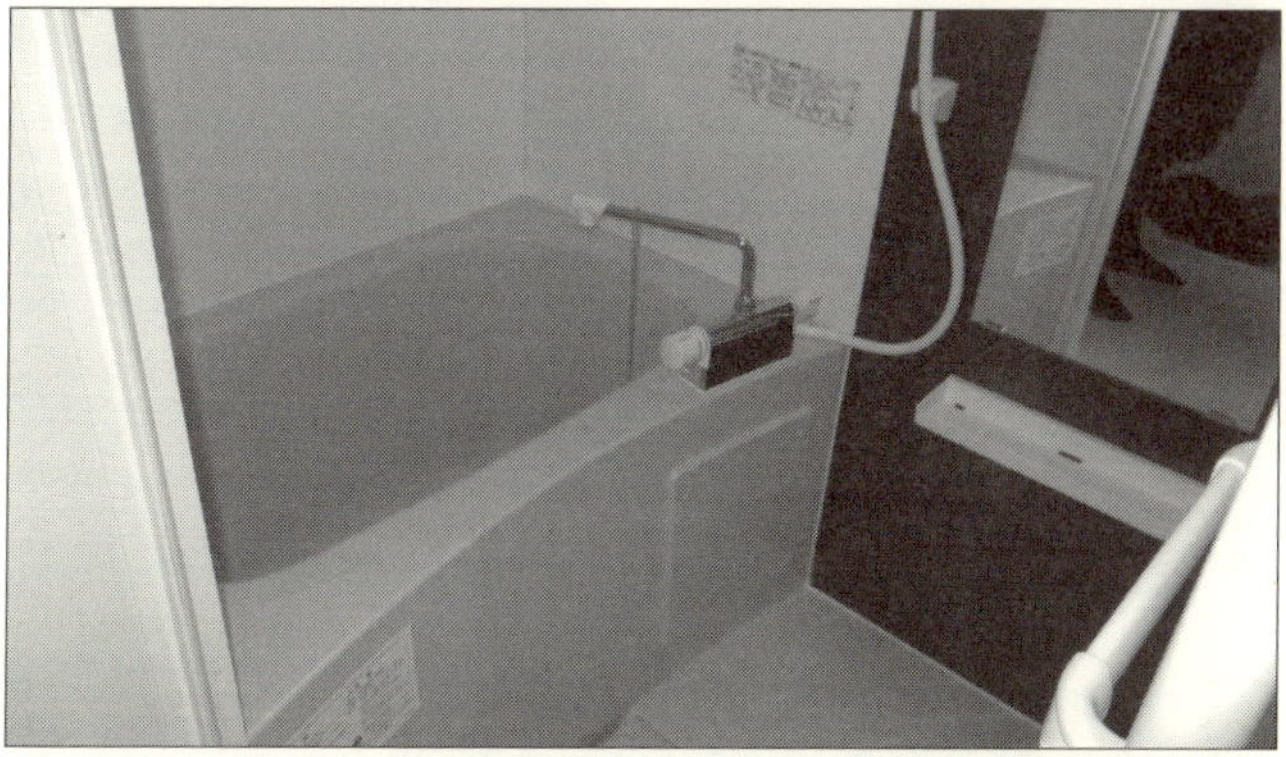

事例3 親しみやすく住みやすい町　京成本線「お花茶屋駅」徒歩10分以内　東京都葛飾区

外観は白いタイル調の壁材で、南面のデザインは軽やかさの中にも重厚感のある意匠がアクセントになっています。

南東角地で日当たりが良いのもアピールポイントです。オーナー様にも、入居希望の方に日当たりの良さが伝わるような物件名をつけていただきました。

また、室内は全室モニターインターフォンのオートロック、独立洗面台付きの充実装備で、周辺の物件と比べると、上位を争う競争力があります。

外　観

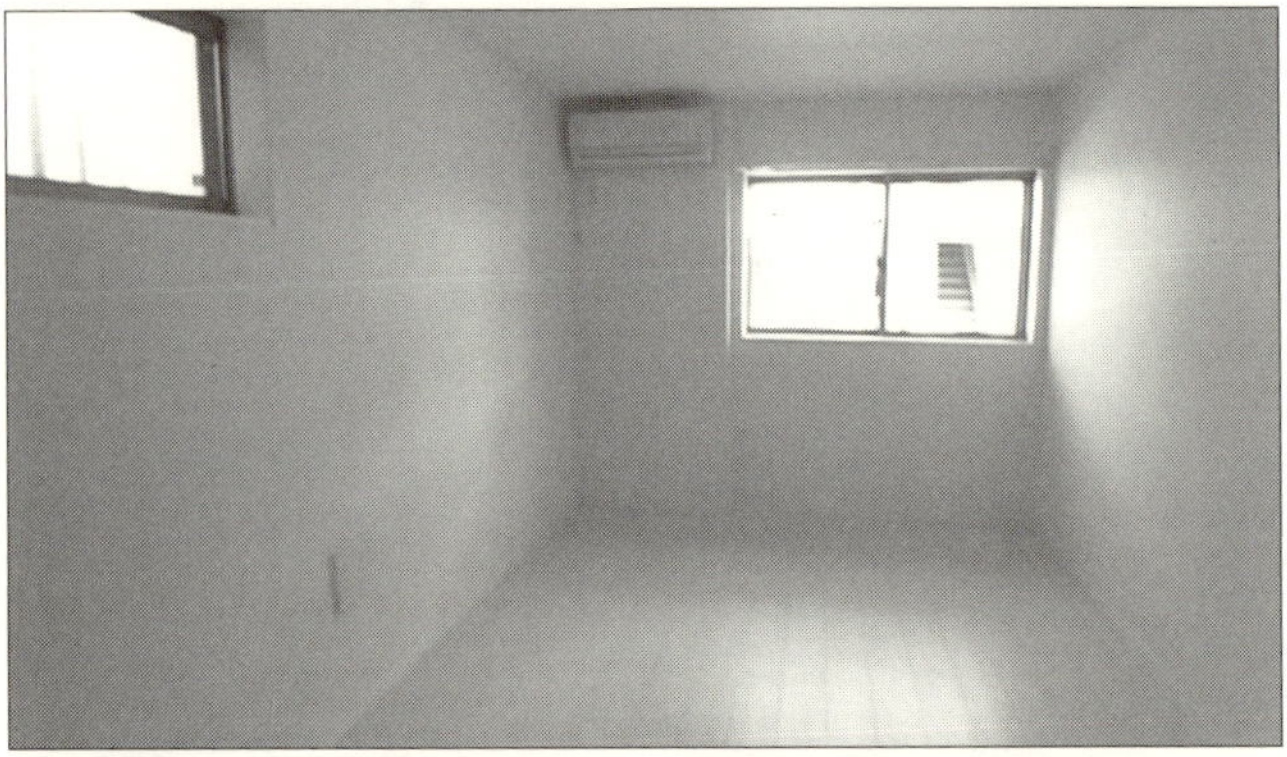

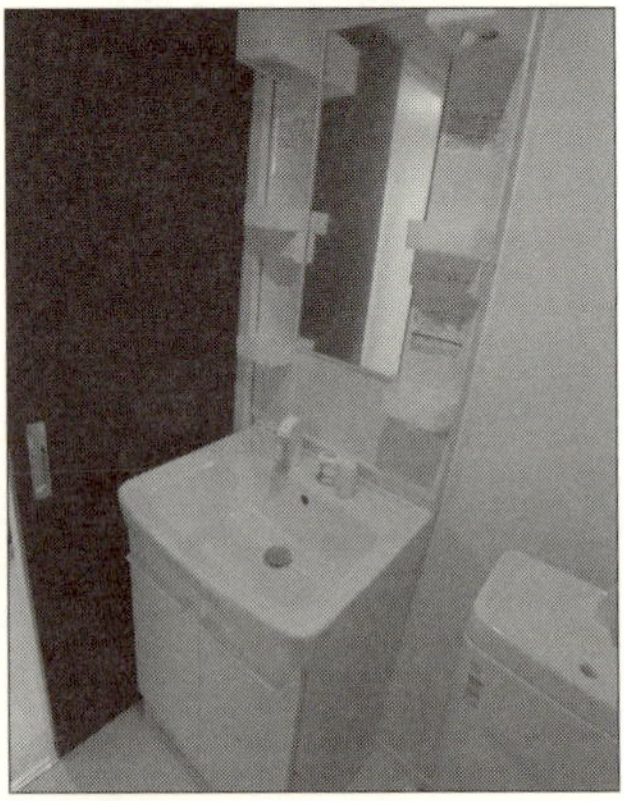

内観

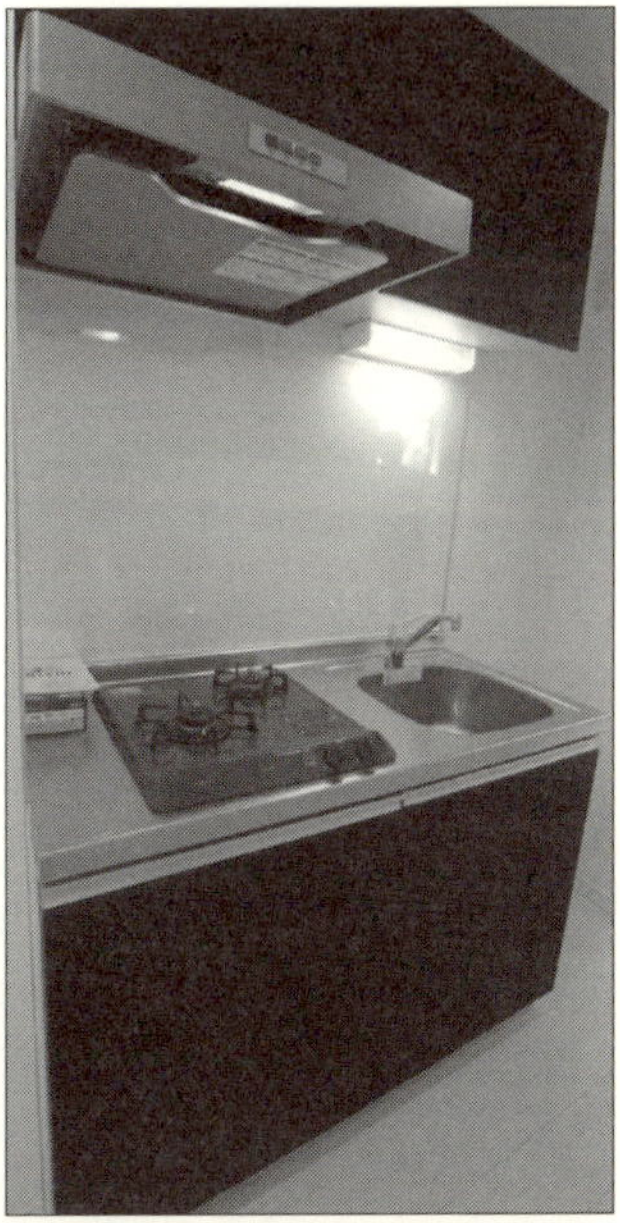

事例4 「まいせん」を町歩き 都営浅草線「馬込駅」徒歩10分以内 東京都大田区

重厚感あふれるダークブラウンの外壁は、住む人に落ち着いた印象と安心感を与えます。白いアクセントを配置することで、暗くなりすぎないデザインに仕上げました。

部屋部分は全室独立洗面台付きで、部屋の側面にもスリット状に小窓を設置し、デザイン性と採光性を両立しています。

完成前にもかかわらず、入居募集開始から2週間で満室になりました。

物件のある都営地下鉄浅草線・馬込駅界隈は、馬込、池上、洗足池をまとめて、通称「馬池洗（まいせん）」と呼ばれる景勝地です。緑、水、花、史跡など多くの観光資源に恵まれ、町歩きに格好の場所です。馬込駅を通る都営浅草線は都心へのアクセスもよく、さらに東京、品川、羽田、成田へ出やすいので、出張の多い方は早朝でも安心です。

外　観

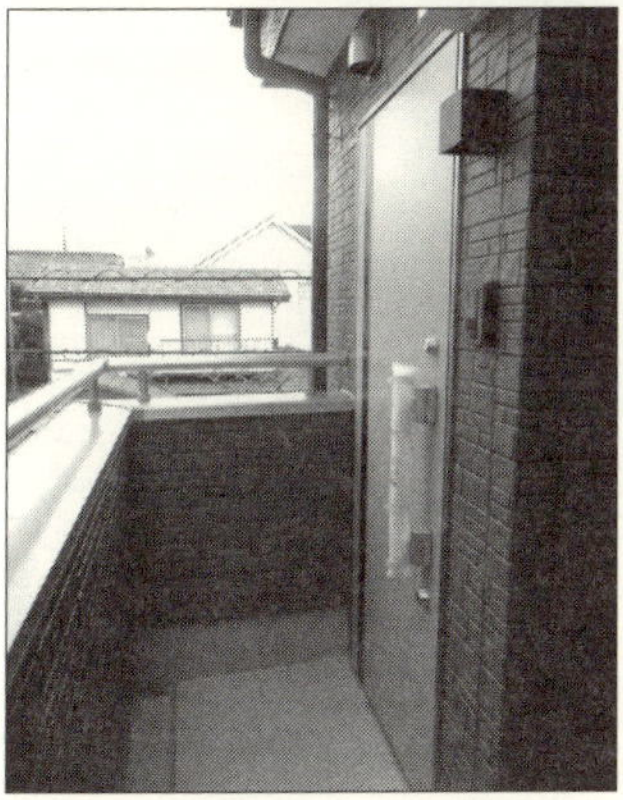

内　観

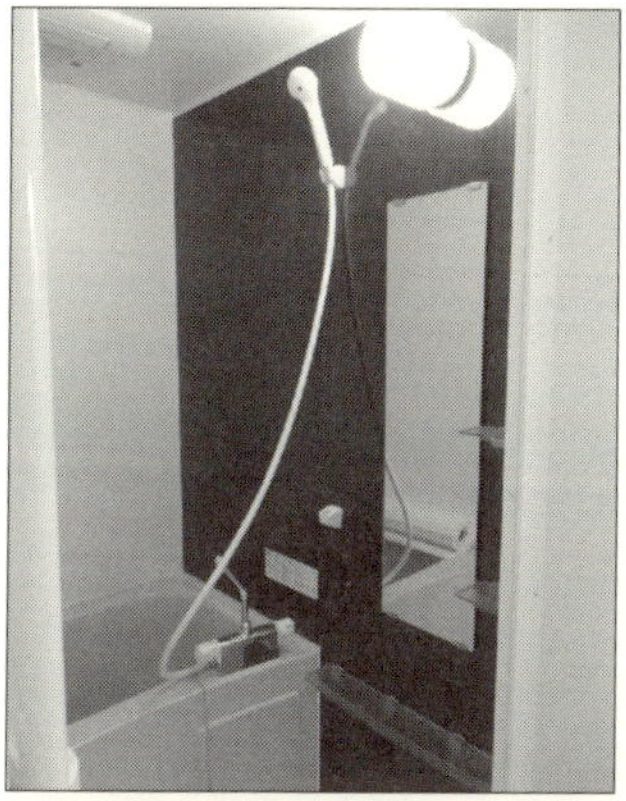

よくある質問集

❶新築一棟投資について

Q1 不動産投資は一般的に中古物件がほとんどですが、新築と中古どちらが良いのでしょうか？　メリットを教えてください。

A1 一概に新築・中古のどちらが良いとは言えません。不動産投資の手法は、その時代、時期の情勢によって、どの手法が利益を出しやすいのかが、刻一刻と変化していきます。

現在の状況は、アベノミクスと東京オリンピックの開催決定で不動産価格が高騰し、中古の投資用アパート・マンションの利回りが急激に低下しております。昔は新築の価格が高く、中古のほうが利回りが高かったため、どちらかといえば中古物件を購入したほうが利益を出しやすかったのですが、現在、東京圏の好立地において、築浅で中古の高利回り、借入期間を長くとれるような優良物件を見つけることは非常に困難になってしまいました。築30年以上経った木造物件などで一部高利回りのものはありますが、融資期間が非常に短くなり、キャッシュフローはでません。

弊社の場合、物件を土地から探すことで、中古以上の利回りが実現できるため、圧倒的に新築投資のほうが優位性が高くなっております。

また、土地から探す「新築一棟投資法」では、融資条件が金利1・2%〜、借入30年〜35年、頭金0という、中古ではあり得ない融資条件を引き出すことができます。利回りに関しても、東京圏の好立地で中古を上回る利回りが実現できますので、そういう意味では、あまり中古物件を購入する意味がありません。

もちろん、物件によっては、たまたま高い利回りの優良な中古物件がでる可能性も0ではありませんが、一般の方が手に入れられるほど甘くはなく、現実性も再現性もありません。逆に、この投資法ならば、まだ十分優良な物件を見つけることができます。融資条件が良いので、誰でも簡単に、再現性をもって、利益を出せる（キャッシュが残る）投資が可能です。加えて、新築は中古と違って、収益と支出が安定しているという面も大きなメリットになります。

Q2 土地から探す新築のデメリット、リスクを教えてください。

A2 土地から探す新築のデメリットは、次の通りです。

①建築の詳しい知識がないと、投資自体が難しい

土地から探す場合、詳しい建築知識がなければ、どのような建物が建てられるのか、判断が難しいので、一般の投資家や不動産業者が扱うことは困難です。豊富な経験がないまま手を出すと、土地は購入したものの、予定していた建物が建たないという大きな事故が発生することがありますのでご注意ください。

②建築会社などの管理に手間とリスクがある
大手といえどもいい加減な建築会社もあり、予定通りに工事が進まない、竣工が大幅に遅れる、想定と違った品質の悪い建物を建ててしまうなどのトラブルが多く見られます。これらを回避するにはプランの打ち合わせや工事の進捗管理などをしっかりとやる必要があります。

③建築（着工～竣工まで）に6か月～7か月の時間を要する
中古の場合は購入してからすぐに収益を生み出しますが、新築の場合は建築に時間を要するため、そのあいだは収益を得られません。

Q3 リアライズ社の役割は何ですか？

A3

土地から探す「新築一棟投資法」は、東京圏においては中古物件に比べて利回りも高く、融資条件や立地も良いことから、今の時流にあった投資法と言えます。ただし、右記①〜③のデメリットもあり、広範囲の知識・経験・ノウハウが必要となるため、一般の投資家や業者が手を出すには手間とリスクが伴い現実的ではありません。

弊社の役割は、豊富な経験と専門の知識を持ったスタッフがお客様の手間とリスクを回避できるよう、最初から最後まで手厚くサポートさせて頂くことです。具体的には、土地探し、プラン作成、建築の進捗管理、金融機関・管理会社・会計事務所などのご紹介など、はじめての不動産投資でも差支えないようなサポートを行います。それによってお客様の手間とリスクを極力少なくし、利益を最大化させせます。

Q4 他社との違いは何ですか？

A4

土地から探す「新築一棟投資法」に特化し、それに必要な専門の知識を持ったスタッフがチームとして揃っていることです。

- **投資戦略の立案、融資付け**
- **土地探し**
- **プラン作成、建築会社の管理**
- **不動産管理・入居者募集（外部管理会社）**
- **税務処理（外部会計事務所）**

弊社では右記の各項目に対して専門のセクションが存在し、日々、知識とノウハウを高めております。

不動産投資は物件の良さだけでは成功しません。物件利回り、融資条件、節税対策の3つのそれぞれが同じくらい重要なのですが、それを見落として、単に表面利回りだけを見て、条件の悪い融資と税率で購入してしまっている投資家が非常に多いのです。

弊社では、それぞれのセクションが高度な知識とノウハウを保有することで総合的なサポートを行い、お客様の安全な取引と高い収益性を実現しています。

Q5 なぜ、新築なのに高い利回りが実現できるのでしょうか？

A5 高い利回りを実現するためには、良い土地情報を集め、良いプランで建物を建てる必要があり、それぞれに専門のスタッフとチームが存在します。土地情報は、東京圏の地場の不動産業者からの非公開情報も含め、良い土地情報が集まるよう長年に渡って日々泥臭く営業を行い、信用を築き上げ、他社にはまねできないようなパイプの構築を行ってきました。

また、プランや建物企画についても一級建築士がいかに高い利回りを実現するかを研究し、商品開発、プラン作成ノウハウを蓄積しております。これによって、他社では実現できないような高い利回りの物件をお客様にご提供することができるようになりました。

Q6 なぜ、東京圏好立地にこだわるのですか？

A6

日本の人口は今後、減少傾向にあります。その中で唯一、将来的に人口が増え、賃貸需要がさらに高まるのは東京圏に限定されるからです。最近はビジネスの東京一極集中が加速し、単身者向け賃貸需要のもとである労働者層が一年間に10万人以上、東京圏に流入していますので、それだけでも10万室の需要が高まることになります。

東京圏好立地の中でも、駅から近く単身者需要の高い立地は、長期に渡って資産価値と賃貸需要が維持される可能性が高く、長期的なビジネスである不動産投資を行うリスクが低いと考えられます。

Q7

一棟を経営するのと区分所有のマンション経営とでは、どちらのほうがメリットがありますか？

A7

区分所有のマンション投資は、規模も小さく手頃な反面、実はほとんどキャッシュフローを生み出さないという実態があります。節税対策という名目のもとに、管理費を差し引けばほとんどキャッシュが残らない、場合によってはマイナスの物件を保有されている方が多くいらっしゃいます。

また、たとえプラスのキャッシュを生み出しても、大きな利益を得るためには数多くの区分マンションを保有する必要があり、取得、管理に大きな手間がかかってしまいます。

それに比べて一棟投資であれば利益も大きく、やり方によっては少ない手間で大きなキャッシュフローを得ることができます。ただし、価格も高い一棟物を購入するには、それなりに年収や自己資金が必要になりますが、購入可能であれば、一棟投資を行うほうが、手間がかからず利益も大きいでしょう。弊社では、少ない自己資金で大きな投資ができるノウハウがございますので、一度、ご相談ください。

Q8 相場に比べて、安い土地、安い建築会社を探して買うべきでしょうか？

A8

不動産投資にあたっては、土地単価や建築単価で「相場と比べる」ことにあまり意味がありません。結論として、購入後にどれだけの収益があがり、どれくらいの「利回り」が実現できるかが重要です。その土地と建築価格がいくら高くても、物件価格に対して十分な収益、利回りが確保できれば良い物件ということになります。逆に言うと、いくら土地が相場より安く、建築単価を下げても、結果、たいして利回りが出ないのでは意味がありません。

一方、家賃については相場が重要です。賃貸収入はほぼ、近隣の家賃相場で決定されます。しっかりと家賃相場を調べて、購入しようとしている物件がどれくらいの収益（利回り）を生み出すか正確に予測したうえで購入しましょう。

売却にあたっても、利回りが重要です。

Q9 好立地と高利回り、どちらが重要でしょうか？

A9

一概にどちらが重要とは言えませんが、一般的にはキャピタル・ゲインを狙う場合は立地、インカム・ゲインを狙う場合は利回りが重要になります。しかし、いくら立地が良いからといって、利回りが低ければ保有している間にキャッシュを生みませんので、万が一売却できない時には赤字が続いてしまいます。

逆に、プラスのキャッシュで運用できる利回りが出ていれば、最悪売却できなくても、保有しているだけでキャッシュを生み出しますので安心です。弊社のご提案する物件は、十分にキャッシュフローが出せるうえに東京圏の好立地ですので、キャピタル・ゲイン、インカム・ゲインの両方が期待でき、リスクは低く大きなリターンも期待できます。

Q10 リアライズ社（新築一棟投資法）の優位性を教えてください。

A10 不動産投資で実際のキャッシュを残すには、①利回り②融資条件③節税の3つがどれも同じくらい重要です。弊社（新築一棟投資法）の優位性は、この3つのすべての面で優れている点です。

弊社の新築一棟投資法においては、立地を長期的に家賃と資産価値を維持できる東京圏の駅近くに限定し、新築で中古以上の利回りを実現します。これにより金融機関から格段に良い条件（金利1・2％〜、借入30年など）で融資を引き出します。さらに法人設立により納税を最小限に抑えることで手元に残るキャッシュフローを増大します。初年度には、建物の消費税を還付することにより大きなキャッシュを得ることも可能です。

これら3つのあわせ技を利用することで、潤沢なキャッシュフローを生み出す不動産投資が可能になるのです。

不動産投資の最も重要な指標のひとつに、イールドギャップがあります。

イールドギャップ＝物件の利回り（%）－金利（%）

この指標が大きければ大きいほど良いわけですが、表面利回り7%、金利1・2%であれば、イールドギャップは5・8%となります。これを一番多く利用されている金融機関の金利4・5%で実現しようとすると、物件の表面利回りは10・3%必要になります（修繕費の多くかかる中古物件の場合、実質利回りを考慮すると、もう少し高い表面利回りが必要になります）。

つまり、金利4・5%の前提ですと、東京圏の好立地に表面利回り10・3%以上の優良物件を保有しているのと等しい価値があるのです。これを見てもわかるように、金利条件は、利回りと同じくらい重要なのです。

ここまで述べましたように、単に物件の利回りだけを見て不動産投資をすると失敗します。長期的に家賃と資産価値を維持し、冒頭に挙げた3つの条件を総合的に評価しなければ、本当にお金が残る不動産投資とはいえないので注意すべきです。

また、出口戦略も重要です。

最終的な不動産投資の利益は、売却した時点ではじめて確定します。人口の減少が予測される地域などは長期的に資産価値が下がり、売却時に損をする可能性が高くなります。一方、人口の東京一極集中が進むなか、東京圏の好立地、高利回りの物件は、今後さらなる価格上昇が予測され、キャピタル・ゲインも十分に期待できます。

❷融資について

Q11 自己資金はどれくらい必要ですか？　フルローンやオーバーローンは可能ですか？

A11

弊社で融資をアレンジする場合、基本はフルローン前提となります。ただし、お住まいの場所、勤務先、その他お客様の属性によって条件が違います。属性によっては諸費用も含めたすべての費用をオーバーローンで融資を行う金融機関もありますし、逆に頭金を少し入れなければいけないケースもあります。

Q12

できるだけ多く購入を進めたいのですが、複数棟を買い増しすることはできますか？

A12

不動産投資において、最も重要な要素のひとつが融資戦略・計画です。融資戦略によって大枠の融資条件と購入できる物件数が決まります。最初にこちらをしっかりと固めたうえで物件を買い進めなければ、本来5件まで買えたはずの物件が1件~2件程度しか買えなくなったり、本来1％台で借りられたものが、4％以上の余分に高い金利を払わなければならないなどの失敗がおきます。

弊社では、まずはしっかりと融資計画をたててから物件の購入を進めます。うまく戦略さえ組めば、同時に2棟~3棟購入された方もいらっしゃいますし、一般の属性の方でも、長期的に5~10棟レベルで購入されている場合もあります。しかし、戦略、計画に沿って買い進めなければ、すぐに買い増しは行き詰まってしまいます。弊社のコンサルタントは、買い増しなどの融資戦略に非常に精通しておりますので、まずは面談にて、どのような計画で買い進めるのかをご相談ください。

Q13 **必ず金利1・2％になるのですか？　他にはどのようなケースがありますか？**

A13 お客様のご属性やお住まいの場所によって利用できる金融機関は違ってきますので、必ずではありませんが、最近で最も多い融資条件は、金利1・2％、借入30年になります。

Q14 **なぜ、このような良い融資条件を受けることができるのですか？**

A14 弊社では、複数の金融機関と地道に信頼関係を築いてきました。弊社の物件は、東京圏の駅から近い、良い立地に限定されており、実績からも高い入居率と利回りを実現できているため、金融機関からも大きな信頼を頂いております。また、金利だけでなく、借入期間も非常に重要であり、50年～60年は大規模な修繕が要らないとされる「劣化対策等級２級」に準拠した建物を建築することで、30年という長期間の融資を頂いています。

少なくとも新築物件は10年程度なら稼働率が落ちにくく、好立地のため、家賃も下がりにくい傾向があります。10年間、順調に賃貸経営を行うことができれば、借入の返済もスムースに進み、残債は大幅に減ります。そのため、10年後の時点での売却価格は残債を大きく上回る可能性が高く、銀行の立場からは回収不能になる可能性が低いという判断で、新築・好立地の物件は好条件で融資をしてくれるのです。

Q15 購入時に現金とローンではどちらが得ですか？

A15 投資の目的や融資条件によって違ってきます。融資条件が良い場合は、借入をすることでレバレッジを効かせ、多くの利益を出すことができるため、融資を使ったほうが有利といえます。一般的には融資を多く利用することで少ない自己資金で多くの物件を購入することができますが、リターンが大きい分リスクも高くなります。現状は過去最低レベルの金利で融資を受けることができるので、借入を利用するほうが得といえるかもしれません。

Q16 どうして土地もあわせて物件を提供している会社が少ないのですか？

A16 ある土地に対して、どのような建物が建てられるか、利回りの出せるプランを作成するには専門家の高度な建築知識と経験が必要になります。あわせて、良い土地情報は、長年地道に築き上げた地元の不動産業者との密なパイプがなければ得ることができません。この両方を兼ね揃えている業者はほとんどありません。これは、一朝一夕に身につけられるものではないので、土地から投資物件を提供できる業者はほとんどない状況です。

建売業者が新築の建売物件を提供しているケースはありますが、その場合、一度業者が土地を買い取り、そこに利益を乗せて売りに出さなければならないため、非常に利回りが低くなってしまいます。その点弊社は、土地を買い取ることは少なく、土地の売主から直接お客様にご購入頂く形がほとんどです。弊社の利益を上乗せしない金額で土地をご購入頂くことができるので、高い利回りで物件を提供することができます。

❸建物について

Q17 建物の構造（木造、鉄骨、ＲＣ）は選択できますか？

A17 木造、もしくは鉄骨での提供になります。ＲＣは建築価格が高騰しすぎているため、十分な利回りを出すことは難しく、現状では取り扱いをしておりません。

Q18 建物は何年使えますか？

A18 弊社で提供している建物は劣化対策等級２級に準拠した建物であり、これは50年〜60年は大規模修繕をすることなく利用できる基準と言われています。少し費用がかかりますが、正式に審査機関の検査を受け、適合証明書を取得することもできます。この適合証明を取得することで、融資期間も30年に延ばすことができます。

Q19 御社の建物の優位性、特徴を教えてください

A19 弊社の建物の標準仕様は、一般のアパートより優れた耐久性能で提供しています。具体的には劣化対策等級2級、60分準耐火構造（通常は45分）です。外観もRC造のように建てることもでき、ひと目では鉄骨、木造とはわからない建物にすることも可能です。

建築費は一般のアパートよりは少しだけ高いですが、過去の事例ではRC造のマンションと遜色のない家賃で入居が決まることも多く、現状では予定よりも高い利回りを実現できているケースのほうが多いです。

また、外観、内装ともにデザインにはこだわりをもっており、一般的なアパートのイメージを一新した、若者に人気のあるスタイリッシュなデザインも特徴のひとつです（9章参照）。

❹法人設立について

Q20 法人設立のメリットを教えてください。

A20 不動産投資は税金との戦いです。会計上いくら利益が出たとしても、納税するとお金が残らないどころかキャッシュフローがマイナスになる場合があります。不動産を個人で保有してしまうと、不動産所得が既存の給与所得に加算されるため、税率が高くなり、せっかく得た利益からかなりの金額を税金で持っていかれる場合が多いのです。一方、プライベートカンパニーを設立することによって、合法的に納税額を最小限に抑えることができます。やり方によっては、不動産所得による納税額を0にできる場合もあります。

また、法人にキャッシュを蓄積した場合、そのお金をオーナーが法人から借り入れをして利用しても問題ありません。プライベートカンパニーであれば、蓄積したキャッシュをある程度自由に使うことも可能です。

不動産投資において、会計上の利益にはあまり意味がありません。どれだけ利益を抑えて納税を少なくし、キャッシュフローを残すかが非常に重要なポイントとなってきます。どれだけお金が儲かるかは、①利回り②融資条件③節税の３つがどれも同じくらい重要です。利回りがいくら良くても融資条件と税率が悪ければまったく儲からないのです。そういう意味では不動産投資をするにあたって、ただ物件の利回りが良いだけでは意味がなく、３つの条件を総合的に考慮して一番キャッシュフローが出る方法を選んで投資しなければなりません。また、物件を購入する際も、単に物件を紹介する業者ではなく、３つの項目をしっかりとアドバイスしてくれるパートナーを選ぶべきです。

Q21 誰でも法人設立はできるのですか？

A21

基本的には誰でも可能です。しかし、利用する金融機関によって、法人での物件保有が対応できない場合があります。したがって、不動産投資を行う前に、どの金融機関を利用して、どのような手法で、どのような物件を購入するのか最初に調査し、計画をしっかり立ててから物件の購入を進めることが重要です。これを間違えると、長期的な不動産投資を成功させるのは難しくなります。個人所有では、不動産投資にも限界があります。

Q22 法人設立によって借入が難しくなりませんか？

A22

法人設立が借入に不利になることはほとんどありません。むしろ買い増しをしていくにあたっては、非常に有利に働きます。個人では恐らく1棟くらいしか買えないような属性の方でも、法人を設立し、計画的に買うことで2棟、3棟と買い増しできる場合も多いのです。

金融機関が融資するにあたっては、審査時点の資産背景と収益状況がカギとなります。法人を設立することにより、節税がうまくいけば収益状況もよくなり、キャッシュフローを良くすることで資産背景も良くなります。既存事業の収益性が高く、たくさんのキャッシュを持っていることは、審査上、非常に有利になるので買い増しの速度もあがります。

Q23 具体的な節税方法を教えてください

A23 所得税（法人税）軽減、経費計上、消費税還付、所得分散、給与所得控除のおもな5つにおいて、節税が可能です。これらの節税によって、飛躍的にキャッシュフローを増大させることができます。

さらに、今後は法人税も軽減されていく政府方針です。消費税還付は建築にかかる消費税を還付するテクニックですが、建物価格を5000万円（税抜）とすると、家賃収益に加えて竣工後の初年度に400万円ものキャッシュが還付されますので、初年度から大きなキャッシュを得ることができます。

❺不動産管理、家賃収益について

Q 24 賃貸物件の管理はどのように行えばよいですか？

A 24 弊社の物件は、提携している管理会社「アートアベニュー社」の強力なバックアップ体制を付加して物件を提供しております。アートアベニュー社は最先端の管理手法を取り入れ、24時間体制のコールセンター、専門のリーシング部隊を抱え、地元の不動産業者の管理を上回る稼働率と顧客満足を得ております。

アートアベニュー社　ホームページ

http://www.artavenue.co.jp/

Q25 実際の稼働率はどれくらいですか？

A25 提携先のアートアベニュー社の集計では、おおむね平均97％以上の稼働率を維持しています。ほとんど満室稼働の状況が続いていますが、まれに入れ替わりが発生するため、その際に瞬間的に少し稼働率が低下する程度です。少なくとも新築物件は設備も新しく、間取りもトレンドに沿っておりますので、10年程度は稼働率が落ちにくく、好立地のため、家賃も下がりにくい傾向があります。

また、管理会社の実績としても、弊社の物件は他の物件と比較してかなり高い水準で安定稼働しております。

Q26 想定された想定家賃収益は確実に入りますか？

A26 弊社では、近隣の類似（築年数、部屋の広さ、構造）物件の事例を基に家賃を想定しています。ただし、弊社がご提案している建物は周辺の物件と比べ、デザイン、設備、間取りなどで差別化を図り、競争力の高い付加価値をつけているため、実際の想定家賃を大きく上回ることも少なくありません。人気物件となる場合が多いのです。早い場合は竣工までにすべて入居が決まることも多いですし、少なくとも竣工から3ヵ月程度で満室になることを目標としています。

Q27 年数経過によるマンションの家賃の変動はどの程度と考えておけばよいですか?

A27 年数経過による家賃下落率は立地によって違ってきます。特に人口減少が進むエリアでは十分に注意が必要ですが、東京圏好立地の物件は家賃が下落しにくい傾向にあります。

一般的には年間0・5%~1%程度は家賃下落を想定すべきと思われます。新築物件に関しては、設備も最新のものを利用するため、5年~10年程度は家賃下落しにくい傾向がありますが、弊社の物件では初年度より0・7%の家賃下落を想定しています。

Q28 入居率をあげる方法はありますか？

A28

リーシング、管理において、知らない土地の地元不動産業者に委託することは危険です。地元の不動産業者は手数料欲しさに客付けを他社に依頼しない場合もあります。アートアベニュー社は専門のリーシング部隊が、地元の不動産業者も含め、最も入居付けをしてくれるターミナル駅などの不動産業者にもくまなく客付けを依頼するため、決定家賃も入居率も高い傾向があります。近年では地元の不動産業者に物件を探しに行く入居者は少なく、勤務先から○分以内の物件という形で、インターネットやターミナル駅などで物件を探す人が多いので、地元の不動産業者だけでは決まりにくい傾向があります。

また、アートアベニュー社では「再契約型・定期借家方式」という先端の契約方式をとることで、不良入居者には更新時に退去してもらえる契約方式をとっています。不良入居者が入居した場合、それによって周辺の入居者が退去してしまうのではなく、不良入居者自身に退去してもらえるような契約形態をとることで、リスクを軽減し、高い稼働率を維持しています。

Q29 管理費用はどれくらいかかりますか？

A29 管理手数料は5％となります。ただし、アートアベニュー社の方式では管理手数料に消費税がからないので、実質の管理料は5％より0・4％程度安くなります。
サブリースの場合は、家賃保証込で手数料10％となりますが、弊社の物件は高い稼働率を維持しているため、サブリースを利用するお客様は少なく、管理だけ委託されるケースがほとんどです。

Q30 不動産投資は結構手間がかかると聞きましたが、実際はいかがでしょうか？

A30 ほぼかかりません。アートアベニュー社は転貸借方式をとっており、オーナーが直接入居者とやりとりすることは、ほとんどありません。万が一、裁判などに発展しても、アートアベニュー社の費用負担で対応します。
転貸借方式は、一般的には一括借上げの空室保証（サブリース）の際に使われている方式ですが、アートアベニュー社では空室保証をしない管理のみの委託においても転貸借方式を採用していますので、家賃滞納などの督促業務を管理会社が行うことが可能になります。

また、悪質な家賃滞納者や不良借家人への請求及び明け渡しなどの訴訟を、管理会社が迅速に起こすことができます。

さらに、入居者に敷金返還等の訴訟を起こされた場合に、オーナーが「被告」にならなくてすむというメリットがあります。

オーナーは入居者とのトラブルから基本的に解放されることとなり、賃貸経営における様々なリスクを軽減することができます。

❻売却について

Q31 購入後の売却は可能ですか？

A31 可能です。弊社の物件は出口戦略を強く意識した仕様となっております。住宅性能表示制度の中の、約50～60年間は大規模な改修工事が不要とされる「劣化対策等級２級」に準拠した建物仕様となります。ご希望の場合は検査機関の検査を受け、１００万円程度の費用で正式に適合証明を取得することもできます。これにより、銀行の借入期間を30年に延ばすことができ、かつ売却する際も購入者が長期借入を組みやすく、中古でも品質に安心感を持てることから売却がしやすくなります。また、木造でも、築10年までなら次の購入者に30年のローンを組む金融機関（オリックス銀行など）がありますので、売却はしやすい状況です。

Q32 売却する際の利回りの相場はどれくらいですか？

A32 最近では、東京圏好立地の築10年以内のものですと、鉄骨で4％～5％台、木造で5％～6％台の利回りが相場になりつつあります。購入時に利回り7％で購入し、すぐに5～6％で売却しても、大きなキャピタル・ゲインを得ることができます。

あとがき

世界的ベストセラーとなった『21世紀の資本』のトマ・ピケティ氏が辿り着いた公式「r＞g」（資本収益率（r）は経済成長率（g）をおおむね上回るので、富は必ず資本家に集中する）が示すように、どれだけ汗水をたらして働き続けても、結局は資産を保有した者に富が集まる社会システムが厳然としてあります。また、現在の不動産ブームの発端になった、ロバート・キヨサキ氏の名著『金持ち父さん　貧乏父さん』でも書かれていたように、働けど働けど楽にならないラットレースから抜け出すためには、資産を構築しながら、その資産がお金を生む仕組みを作らなければ、いつまでたっても楽にはなりません。

不条理にも思える社会の仕組みですが、それを非難したところで、人生は何も変わりません。当分は変わることがないだろうこの社会システムの中で、その現実を知り、何とか幸せを掴みたい、と自分の人生に前向きに取り組み、真剣に努力した人だけが、幸せを掴むことができるのです。多くの人々が日々の過酷な労働に追われ、先の見えない将来に不安を覚え、幸せとはほど遠い人生を送っているという現実の中で、逆にイヤというほど苦しみを経験したことのある人こそ、本当に幸せな人生を歩みたいという強い願いを持ち、真剣に努力をすることができるのです。

不動産投資という手法は、資産家ではない一般の方が新たに資産を構築し、終わりのないラットレースから抜け出すには大変有効な手段です。しかし、不動産の購入という非常に大きな買い物は、安易に行えば、大きな危険がともないます。繰り返しになりますが、不動産投資においてまず重要なことは「物件探し」ではなく「計画性」です。多くの情報を集め、しっかりとした知識と情報量に基づいて、戦略と計画をしっかりとたて、十分な検証を行ったうえで、ベストな投資を進めなければ必ず失敗してしまいます。特に融資戦略（使う銀行の順番）は非常に重要ですが、ちょっとした知識や情報の差が、大きな違いを生むことにもなるのです。

私の知る限りでは、「新築一棟投資法」は今、最も有効な手段のひとつではありますが、ほかの投資法も含めてしっかりと情報を収集し、そのなかでご自身にマッチした最適な投資法を見つけて頂けたら、と思います。また、本書にまとめた考え方やノウハウは、すべての不動産投資に通じるところがありますので、少しでも多くの投資家の皆様のお役に立ちますことを心より願っております。

最後に、ここまで弊社を支え、応援して頂きました投資家の皆様、社員一同、そのほか多くの関係者に深く、お礼を申し上げたいと思います。

ありがとうございました！

平成27年10月

株式会社リアライズ アセットマネジメント代表　箕作 大

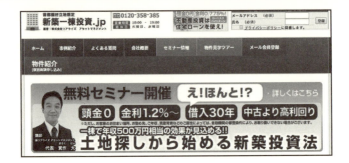

箕作　大 （きさく　だい）

1974年10月生まれ。

神戸大学大学院　情報知能工学科卒。

株式会社リアライズアセットマネジメント代表取締役。


IT企業を経営する中、多くの投資家に出会い自らも投資家を志し、都内に土地から探し、賃貸併用住宅を新築。

その後、賃貸併用住宅で培った土地から探す新築のノウハウを多くの人に提供することを目的に、株式会社リアライズアセットマネジメントとして、コンサルティング事業をスタート。

中古の投資物件の利回りが急激に低下する中、中古より高利回りを実現できる、土地から探す「新築一棟投資」の提案をスタート。多くの顧客に支持され、これまで100棟以上の土地から探す新築物件をサポート。現在に至る。

「新築一棟投資法」

発行日　2015 年　11 月　15 日　初版
著者　箕作　大（株式会社リアライズ アセットマネジメント代表取締役）

発行人　河西 保夫
発行　株式会社クラブハウス
〒151-0051 東京都渋谷区千駄ヶ谷3-13-20-1001
TEL：03-5411-0788（代）　FAX：050-3383-4665
http://clubhouse.sohoguild.co.jp/

編集協力　児玉 勲／河西 麻衣
装丁・本文デザイン　上原 正巳
本文デザイン　江尻 和行（株式会社カーバンクル）
印刷　シナノ印刷

ISBN978-4-906496-54-9